Soleil BALERWA

ETRE ET FAIRE DES DISCIPLESUn conseil pour nos églises !

Soleil BALERWA

ETRE ET FAIRE DES DISCIPLESUn conseil pour nos églises !

Éditions Croix du Salut

Imprint

Cover image: www.ingimage.com

Publisher:
Éditions Croix du Salut
is a trademark of
Dodo Books Indian Ocean Ltd., member of the OmniScriptum S.R.L Publishing group
str. A.Russo 15, of. 61, Chisinau-2068, Republic of Moldova Europe
Printed at: see last page
ISBN: 978-620-3-84309-5

Mes frères et sœurs en Christ, je vous salue au nom de notre Sauveur et Seigneur Jésus-Christ. Durant ces huit jours de séminaire, il m'a été demandé de parler du *Discipolat :* ***Comment être et comment faire des disciples ?*** Avant de commencer, permettez-moi de dire merci à Dieu pour ce privilège à mon égard ; mais aussi de m'acquitter d'un devoir civique, celui de dire merci aux pasteurs, à notre consistoire, à la coordination et à vous tous participants. Que Dieu nous bénisse tous !

Pour moi, ça fait toujours un enseignement de plus de parler du discipolat, tellement que ce sujet est important et moins exploité par nos églises, malheureusement. Raison pour laquelle, ce premier jour d'introduction où je parlerai longuement de mots de base et de concepts définitionnels, je souhaite délibérément que nous parlons de la NOTION DU MENTORAT DANS LE DISCIPOLAT.

Lisons ces trois passages de Saintes Ecritures : Matthieu 28, 18-20 ; Philippiens 4, 9 et 2 Timothée 2, 2.

Jésus, s'étant approché, leur parla ainsi : Tout pouvoir m'a été donné dans le ciel et sur la terre. Allez, faites de toutes les nations des disciples, les baptisant au nom du Père, du Fils et du Saint Esprit, et enseignez-leur à observer tout ce que je vous ai prescrit. Et voici, je suis avec vous tous les jours, jusqu'à la fin du monde.

Ce que vous avez appris, reçu et entendu de moi, et ce que vous avez vu en moi, pratiquez-le. Et le Dieu de paix sera avec vous.

Et ce que tu as entendu de moi en présence de beaucoup de témoins, confie-le à des hommes fidèles, qui soient capables de l'enseigner aussi à d'autres.

« *Allez !* ». Cette première lecture dénote très clairement que les disciples furent envoyés pour faire de toutes les nations des disciples. Un peu pour nous signifier que l'envergure de leur mission était à la mesure de l'autorité sans limite de Jésus-Christ. Les disciples de Jésus doivent, de ce fait, aller et non pas attendre que les nations viennent à eux, une « comédie spirituelle » à laquelle joue beaucoup de nous aujourd'hui. Pourtant, comme cet ordre est permanent, c'est lui qui reste la charte de l'œuvre des missions.

« *Faites disciples toutes les nations* », ou bien encore « *Instruisez toutes les nations* ». C'est là même le projet de la sympathie de Dieu, qui est sans limites à l'égard de notre pauvre humanité déchue. Mais, attention ! Actuellement, dans la formation de disciples, beaucoup de nos églises actuelles prouvent leur volonté mais je constate qu'elles se compliquent la tâche en se cherchent beaucoup de stratégies pour y arriver. Lisez bien cette portion des Ecritures que nous avons cité, pour la formation de disciples, la Bible nous parle seulement de trois moyens : l'instruction, le baptême et l'obligation morale de mettre en pratique tout l'enseignement de notre Seigneur Jésus.

« *Tout* pouvoir m'a été donné », « Faites de *toutes* les nations mes disciples », « *Tout* ce que je vous ai prescrit », « Je serais avec vous *tous* les jours » … Je ne suis pas très fort en exégèse et à tout ce qui se rapporte aux sciences bibliques ; cependant, je suis quand-même frappé par le mot « tout » qui apparaît quatre fois dans les derniers mots de Jésus que nous avons lu. Il rappelle en quelque sorte tout ce que Jésus a communiqué à ses disciples pendant ses années de ministère sur la terre et résume pour nous avec force quatre grandes vérités essentielles : 1. la source de notre autorité, 2. l'universalité de notre mission, 3. l'envergure de notre enseignement et 4. la présence de notre Maître, le Seigneur.

Par le « *tout pouvoir m'a été donné dans le ciel et sur la terre* », Matthieu met le comble à son enseignement en ce qui concerne la royauté de Jésus le Messie. C'est un grand message dans la formation de disciples, du fait que le pouvoir ou mieux l'autorité de Celui qui nous envoie en mission n'est pas limité à la seule nation d'Israël, mais s'étend à tout l'univers, et à toutes choses. Celui qui est envoyé par Jésus part ainsi comme ambassadeur du Roi des rois, le propriétaire de la création, ayant à sa disposition toutes les ressources de l'univers. Jamais une armée n'est partie mieux équipée !

Allez, faites de toutes les nations des disciples … Si le pouvoir du Seigneur Jésus est absolu et universel, comme nous venons de le dire, son message l'est également. Ce commandement de Jésus est composé de deux parties : la première, un participe dans le grec place sur tous ceux qui le suivent la responsabilité d'aller vers toutes les nations en tant qu'ambassadeurs de Christ. La deuxième, au mode impératif, leur en donne la raison : « Faites des disciples ». Il est évident que cela implique bien plus que la seule proclamation de l'Évangile. Jésus nous appelle à faire ce qu'il a fait lui-même : un travail en profondeur auprès des hommes de toute nation. L'évangélisation, décrite ici, ne s'arrête pas à la conversion des non-croyants mais va jusqu'à l'application et de croyants disciples et de nouveaux croyants.

La Bible nous montre aussi que la première responsabilité envers les disciples est le baptême. Le mot « baptiser » est un mot grec qui signifie « immerger, plonger, teindre ». Sans polémique de croyances religieuses, la manière biblique de baptiser est par immersion, laquelle symbolise la mort et la résurrection du croyant avec Christ. Bien qu'il ne soit pas nécessaire au salut, le baptême c'est l'acte par lequel un nouveau converti témoigne publiquement et clairement de ce qui s'est passé dans sa vie, c'est l'engagement d'une bonne conscience envers Dieu. Et comme nous le savons tous, le nom d'une personne représente son autorité et sa volonté ; sa signature est l'enseignement de sa responsabilité. Lorsqu'un représentant, un ambassadeur agit au nom de son gouvernement, c'est en accord avec sa volonté et appuyé par son autorité. De la même façon, le baptême d'un disciple porte sur lui la signature de Dieu.

« *Enseignez-leur à observer tout ce que je vous ai prescrit* ». J'aimerai y rester un moment car le mot « observer » est trop souvent oublié dans cette phrase par nos églises actuelles. Je le disais, il n'y a pas longtemps, à certains membres de la commission de l'évangélisation à la Communauté Baptiste au Centre de l'Afrique, l'enseignement joue assurément un rôle prépondérant dans le ministère du disciple de Christ, car sans cet enseignement on ne saurait pas ce qu'il faut observer ; mais devant Dieu, l'enseignement qui ne produit pas l'obéissance est stérile et inutile. Entendre la Parole de Dieu est important, mais la vie éternelle est pour ceux qui la mettent en pratique. Dans la formation de disciples, nous n'allons pas donc seulement nous complaire à enseigner, mais nous devons aussi nous assurer que les disciples mettent la Parole en pratique.

Remarquons également, mes frères et sœurs, la responsabilité solennelle d'enseigner tout ce que Jésus a dit. Tous les mentors et responsables de chrétiens doivent bien comprendre : celui qui accentue trop un aspect de l'enseignement du Christ et en néglige un autre fera des disciples déséquilibrés. Je me rappelle de Paul qui, devant les anciens de l'Église d'Éphèse, a dit un jour : « *Je vous déclare aujourd'hui que je suis pur du sang de vous tous, car je vous ai annoncé tout le conseil de Dieu, sans en rien cacher* ». Un peu pour dire : « *J'ai fait ce que j'ai pu pour vous tous, je vous ai vraiment annoncé tout le plan de Dieu ; si, plus tard, vous ne tenez pas compte de mon enseignement, je n'en suis pas responsable* ».

Dieu dit, et j'aime ça : « *Voici, je suis avec vous tous les jours, jusqu'à la fin du monde* ». La toute dernière phrase de Matthieu, si nous la cernons minutieusement, comporte une des plus grandes promesses : la présence continuelle de notre Seigneur Jésus avec nous chaque jour de notre vie, et cela, jusqu'à la fin du monde. Je ne vois pas quelque chose que je peux souhaiter de plus, car dans les moments les plus difficiles, je peux dire avec David : « *Je ne crains aucun mal, Seigneur, car tu es avec moi* ». C'est triste que quand nous le voyons, le chrétien aujourd'hui ne se rend pas compte de l'immense privilège qui est le sien.

Un disciple c'est une personne qui reçoit l'enseignement d'un maître, une personne qui adhère aux doctrines d'un maître. Suivant le sens du Nouveau Testament, le mot « disciple » vient de « *discipulus* », qui veut dire « apprenant », « élève » ; il est apparenté au mot grec « *dulos* » qui veut dire « serviteur », souvent face au mot « *kurios* », qui signifie « *Maître* ». Le mot grec *appris* a donné disciple en français et signifie instruction personnalisée. Mettre en pratique n'est pas une suggestion pieuse, mais un ordre donné au mode impératif. Le mot traduit par pratique signifie action continuelle, une routine, une habitude. Selon la loi cause-effet, une attitude droite engendre un mode de vie noble.

Comme les Philippiens connaissaient bien leur apôtre bien-aimé, qu'ils avaient été à son école et vu comment il se comportait, celui-ci avait, à leurs yeux, mérité et gagné le droit de demander à ce qu'ils suivent son exemple. Paul faisait une juste évaluation de lui-même. En Philippiens 4, 9, il montre ainsi que le discipolat est d'abord une question de pratique des maîtres que les disciples ne font que copier : « *Ce que vous avez appris, reçu et entendu de moi, et ce que vous avez vu en moi, pratiquez-le* » : c'est d'abord une question de modèle ; pas de « faites ce que je vous demande de faire et ne regardez pas ce que je fais. »

Dans cette même optique du mentorat dans le discipolat, en 2 Timothée 2, 2, Paul mentionne quatre générations successives mais, en réalité, il exprime un processus continuel qui a débuté avec Jésus et qui ne doit jamais s'arrêter. L'apôtre n'est pas préoccupé par le sort qui l'attend, mais bien plutôt par l'avenir de l'Église. Comme il savait qu'il allait bientôt quitter ce monde, il veut s'assurer que d'autres prendront la relève ; son souci est que l'œuvre de Dieu se poursuive coûte que coûte.

Pour assurer la continuité, il dit à Timothée : « *l'enseignement que tu as reçu de moi, transmets-le !* ». Le verbe transmettre est à l'impératif et veut dire déposer quelque chose de précieux en un lieu sûr. Paul utilise deux fois ce verbe sous sa forme nominale dans le chapitre précédent, confère 2 Timothée 1, 12 et 1, 14, un peu pour dire que le bien inestimable qui avait été confié à Timothée, il doit lui-même le transmettre à des gens sérieux et dignes de confiance. Ce dépôt, c'est la connaissance et la formation pratique que doivent recevoir les responsables d'Église pour qu'ils soient capables d'enseigner tout le conseil de Dieu à d'autres croyants afin que ces derniers deviennent des disciples accomplis de Jésus-Christ.

Timothée doit donc, notez-le, trouver des gens consacrés à Dieu et qui ont les dons nécessaires pour devenir pasteurs et évangélistes ; tous ces gens que nous appelons aujourd'hui « hommes de Dieu » ou « femmes de Dieu ». Au fil du temps, Paul avait enseigné beaucoup de vérités à Timothée en présence d'autres personnes, qu'il qualifie avec raison des témoins. À lui maintenant de transmettre ces connaissances à des hommes et des femmes sûrs pour qu'à leur tour, ils les communiquent à d'autres. Selon la Bible, ces hommes et femmes doivent répondre à deux critères : ils doivent d'abord être fidèles, ensuite capables d'enseigner à d'autres. C'est de cette façon que l'évangile passera d'une génération à la suivante sans altération.

Vous découvrirez donc, mes frères et sœurs, pourquoi j'ai choisi commencé par là aujourd'hui. Je suis très convaincu que si le discipolat ne marche pas très bien dans nos églises actuelles, parmi tant d'autres causes, c'est surtout le fait qu'il y a une fausse, si pas une mauvaise, compréhension de concepts. Que signifie le Maître ou le Seigneur ? Qui est disciple ou serviteur de Jésus ? Quel est la mission du disciple ou c'est quoi le discipolat en question ? Jésus, et même l'Apôtre Paul, ne parlent pas ici de stagiaires, d'immatures ou d'enfants dans la foi pour aller faire le discipolat ; c'est par contre de personnes mûres, capables d'enseigner et de transmettre la parole de Dieu aux autres. Avant d'être ou de faire des disciples, nous devons d'abord avoir été de disciples de Jésus ou avoir été sous la conduite d'un de ses disciples ; d'où la nécessité de comprendre la paternité spirituelle, le mentorat, le coaching.

Bien-aimés, au-delà de chaque rassemblement que nous faisons ici à l'église, je souhaiterai que chacun de nous se regarde dans un miroir et se demande sans complaisance : Après Jésus, de qui et à qui j'apprends le discipolat ? Un mentor c'est un guide attentif et sage, c'est un conseiller expérimenté. Jésus est, certes, notre mentor à tous par excellence, mais il nous a laissé les apôtres en leur disant : « *Allez, faites de toutes les nations des disciples qui vous imiteront et feront à leur tour de disciples et ainsi de suite jusqu'à la fin du monde.* » Qui sont nos repères, mes amis ? Qui sont nos imitateurs ? Si donc le discipolat est la formation de disciples, le discipolat reste une mission noble mais qui connaît un problème très sérieux avec nous aujourd'hui : beaucoup d'enfants de nos églises de réveil s'affichent déjà comme de mentors alors qu'eux-mêmes ne sont pas suffisamment spirituellement matures, beaucoup de matures de nos églises baptistes esquivent leur rôle faute d'enseignements.

D'autre part, c'est triste de voir certains de nos dirigeants (pasteurs, anciens de l'Eglise et diacres, ...) qui combattent la jeunesse plutôt que de l'outiller ; c'est le cas souvent, chez nous, à la Communauté Baptiste au Centre de l'Afrique. Certains immatures spirituels ne comprennent pas que la jeunesse peut être l'espoir de l'avenir si elle est bien encadrée. Le Psaume 127, 4-5 que j'aime citer à propos dit que « *les fils qu'un père reçoit dans sa jeunesse sont comme des flèches dans la main d'un combattant.* Cela revient donc aux parents d'en faire bon usage : autant pour les flèches, autant vous avez le choix de lancer vos enfants très loin ou très près, tout dépend de quoi vous attendez d'eux dans l'avenir. La Bible ajoute d'ailleurs qu'*il est heureux, l'homme qui a rempli sa maison de telles armes ! Quand il se défendra contre ses ennemis aux portes de la ville, il ne sera pas couvert de honte.*

C'est pour cela qu'en Job 32, Elihou, fils de Barakéel, un jeune qui a été bien lancé par ses parents dira un jour aux vieux censés être sages : « *Je suis jeune, et vous êtes des vieillards ; c'est pourquoi j'ai tremblé, je craignais de vous exposer mon savoir. Je me disais : « L'âge avancé saura parler, le grand nombre des années fera connaître la sagesse. » Mais en réalité, dans l'homme, c'est l'esprit, le souffle du Tout-Puissant, qui donne l'intelligence ; l'abondance d'années ne donne pas la sagesse, ce ne sont pas les vieillards qui comprennent l'équité* ». Ce n'est pas l'abondance d'années qui donne la sagesse mais en réalité, dans l'homme, c'est l'esprit de Dieu qui donne l'intelligence ... Actuellement, où est cette église qui comprend cette vérité ?

Voyez de vous-même ce que ça fait de vos visages ? Le regard que cette vérité produit chez vous ? *Ce n'est pas l'abondance d'années qui donne la sagesse mais en réalité, dans l'homme, c'est l'esprit de Dieu qui donne l'intelligence* ... Où sont les vrais mentors disciples de Jésus pour défendre cette vérité aujourd'hui ? Je sais combien cela vous bouleverse, mais j'aimerais vous dire que s'il y a plein de défauts dans la jeunesse, il y a également plein de vigueur dans la jeunesse. Oui, mes frères et sœurs, s'il y a de fils prodigues dans la jeunesse, il y aussi de Joseph, de Schadrack, de Meschak, d'Abdénédo, de Daniel et de Timothée qui servent Dieu de tout leur cœur malgré leur jeune âge ...

Mes frères et sœurs en Christ, quand nous parlons d'être et de faire les disciples, la vie chrétienne est l'image exacte du processus de la vie humaine. Tout parent, après la naissance, souhaiterait voir son enfant croître normalement et devenir mature et indépendant. De même, la vie chrétienne commence par la nouvelle naissance, s'en suit de faibles commencements, premiers pas dans la foi ou dans la conversion, exige une croissance spirituelle, mais aussi la maturité. La maturité c'est l'état ou la qualité de ce qui est mûr, de ce qui est parvenu à son complet développement ; ce n'est que là qu'on peut laisser un « enfant » faire des enfants, même chose dans le domaine spirituel, on ne laisse pas un immature faire de disciples.

Eglise de nos jours, sommes-nous réellement rassurés que tous ces pasteurs, évangélistes, hommes ou femmes de Dieu que nous envoyons sur terrain pour faire de disciples sont réellement nés de nouveaux ? Ce n'est pas aux fantômes spirituels ou aux mort-nés spirituels que nous exigeons la reproduction ? Eglise, sommes-nous réellement rassurés que tous ces gens que nous envoyons sur terrain pour faire de disciples (enfants spirituels) sont réellement matures ? En effet, ce n'est pas une question de seulement combien de temps on vient de passer dans la foi, mais c'est plus une de responsabilité : ce sont seulement des responsables qui sont censés donner des enfants.

Quand nous parlons d'être et de faire les disciples, mes amis, reconnaissons que l'Eglise Corps du Christ est en panne de productivité, soyons de ce fait conscients que notre Communauté Baptiste au Centre de l'Afrique mérite un recyclage. Sans pour autant dénigrer les efforts des uns ou des autres, avouons quand-même que nous avons un problème très sérieux de management et leadership. Comme vous avez de gens qui, en fonction de leurs titres, sont « exempts » de la critique, je sais la frustration que mes propos vous font, mais il faut qu'on en parle. Nos pasteurs, nos anciens, nos diacres, nos chefs de départements, nos chefs de commissions et autres responsables ; comment avons-nous ces gens ? Par la Faculté ou les écoles de formations ? Par des liens de filiation ou de liens amicaux ? Tenons-nous vraiment aussi et surtout compte de la méritocratie ?

Beaucoup font preuve d'une absence d'appel et d'expérience authentique avec Dieu, se moquent du sens du sacré, vivent l'immoralité sexuelle au dedans comme en dehors de nos églises, se livrent à l'amour exagéré de l'argent et manifestent la difficulté à gérer la gloire et la promotion de Dieu ; nous avons tous ces rapports, mais que faisons-nous de coupables avérés ? Pourtant un défi réel pour le discipolat : on forge le caractère de disciples par le modèle. Avec un système bien organisé pour de « péchés collectifs »,□ la théorie du compromis, beaucoup de théories et peu de pratique, le respect aveugle à la hiérarchie, le détournement massif de fonds, les calomnies, les trahisons et surtout l'exclusion pour écarter ceux qui nous rappellent à la vérité ; quand c'est désormais l'égo qui précède la communauté, quand nous oublions totalement Dieu et son peuple, comment pensons-nous réussir le discipolat et gagner des âmes pour Christ ? Où sont les modèles pour nous montrer le chemin ?

Dans le « être et faire les disciples », comme tout parent à son fils, les pasteurs, les évangélistes, les aînés spirituels, les grands dans la foi et tous ceux se reconnaissent avoir une responsabilité de mentorat ou du coaching envers le peuple de Dieu, ont le devoir d'*enseigner* aux apprenants sous leur responsabilité. Il est écrit, dans Deutéronome 6, 7 : « *Tu les (les commandements que je te donne) inculqueras à tes enfants et tu en parleras quand tu seras dans ta maison, quand tu seras en voyage, quand tu te coucheras et quand tu te lèveras* ». Inculquer c'est faire entrer une chose dans l'esprit de quelqu'un d'une façon durable, profonde, autrement c'est graver ou imprimer. Un disciple c'est quelqu'un qui respecte scrupuleusement les ordonnances de Dieu, tel qu'il l'a appris de son maître. C'est le premier rôle que doit jouer un encadreur de disciples de Christ.

Au-delà de l'enseignement, le mentor doit *former* les fidèles sous sa responsabilité. Proverbe 22, 6, version Bible de la Bible Annotée, dit ce qui suit : « *Forme le jeune enfant selon la voie qu'il doit suivre ; même quand il sera devenu vieux, il n'en déviera pas* ». Forme signifie littéralement : initier, donc c'est être le premier à instruire quelqu'un, le premier à faire accéder quelqu'un à des connaissances qui lui étaient encore inconnues ou inaccessibles. Initier c'est forger un caractère ! Or forger les caractères nécessité la discipline, car ce n'est pas seulement pour une personne qu'on le fait, mais pour de générations à venir ; cela exige les instructions, la direction morale, l'influence positive. Ainsi, comme un père à ses enfants, tout leader doit entraîner les fidèles de Jésus sous sa charge, non pas dans la voie où ils voudraient aller, mais dans celle qu'ils doivent emprunter ; la voie dans laquelle, si vous les aimez, vous voudriez qu'ils marchent, celle de la connaissance du Sauveur !

A part enseigner et former, en troisième lieux, le mentor *pourvoir aux besoins* de disciples de Christ sous sa responsabilité. 2 Corinthiens 12, 14 : « *Voici, pour la troisième fois je suis prêt à aller chez vous, et je ne vous serai point à charge ; car ce ne sont pas vos biens que je cherche, c'est vous-mêmes. Ce n'est pas, en effet, aux enfants à amasser pour leurs parents, mais aux parents pour leurs enfants* ». Notons-le d'avance, même si certains parents n'aiment pas ce verset : les enfants peuvent, certes, contribuer à l'avancement du foyer, mais c'est le rôle de parents de pourvoir aux besoins de ceux-ci jusqu'à ce qu'ils atteignent la maturation et la maturité. J'aime la version Parole de Vie qui le dit en ces mots : « *D'habitude, les petits enfants ne gagnent pas d'argent pour leurs parents, mais ce sont les parents qui doivent gagner de l'argent pour leurs enfants* ». Ne devenez pas parent spirituel si vous n'êtes pas à même de vous battre pour pourvoir aux besoins de ceux que vous appelez vos enfants spirituels et vous méritez vous-mêmes d'être pris en charge.

Eduquer les fidèles sous votre responsabilité, voilà une autre charge qui revient aux mentors spirituels. Ephésiens 6, 4 nous éclaire : « *Et vous, pères, n'irritez pas vos enfants, mais élevez-les en les corrigeant et en les instruisant selon le Seigneur* ». Selon le dictionnaire Le Grand Robert, corriger c'est amener quelqu'un à la règle, le traiter avec sévérité pour supprimer les défauts, c'est le réprimander ou le punir. Paradoxalement, la Bible recommande de faire en sorte que notre correction ne pousse pas à la révolte et aux amers ressentiments contre nous. Nous devons éduquer ceux qui imitent de nous comment nous imitons le Christ comme le Seigneur lui-même nous éduque ; c'est en nous inspirant de ses conseils que nous devons les avertir et les reprendre, c'est ce que j'appelle une discipline aimante.

Tout parent dans la foi se doit aussi de contrôler les disciples de Christ sous sa charge. « *Il faut qu'il dirige bien sa propre maison, et qu'il tienne ses enfants dans la soumission et dans une parfaite honnêteté ; car si quelqu'un ne sait pas diriger sa propre maison, comment prendra-t-il soin de l'Eglise de Dieu ?* », s'inquiète Paul dans 1 Timothée 3, 4-5. Hophni et Phinées étaient choisis sacrificateurs de l'Eternel pour toujours; cependant, suite à l'inattention de leur papa, le prophète Héli, qui ne contrôlait plus sa maison, Dieu va dire à ce dernier : « *J'avais dit que ta famille et la famille de ton père seraient mes prêtres pour toujours. Mais maintenant, j'affirme avec force que c'est fini. En effet, j'honore ceux qui m'honorent, mais ceux qui me méprisent seront couverts de honte à leur tour* ». Un chrétien qui ne sait pas prendre soin de siens, comment saura-t-il pendre soin des autres dans le discipolat ? Un dirigeant qui ne sait pas prendre soin de siens, comment prendra-t-il soin de l'Eglise de Dieu ?

Enfin, avant d'aborder ce que les enfants spirituels doivent à leurs mentors, comme tout parent sérieux, les encadreurs spirituels doivent aimer les disciples de Jésus sous leur responsabilité. Jérémie 31, 3 : « *De loin l'Eternel se montre à moi : Je t'aime d'un amour éternel ; c'est pourquoi je te conserve ma bonté* ». Dieu aime son peuple d'un amour éternel, ce qui veut dire qu'il lui reste fidèle à tout jamais et quoi qu'il arrive. Combien sont de mentors mais, dès qu'ils voient un enfant spirituel flancher, ils les chassent ou les renient ? On pourrait bien se demander comment le Seigneur peut aimer un peuple aussi idolâtre ? La réponse est en Esaïe 54, 10 : « *Les montagnes peuvent bouger, les collines peuvent changer de place, mais l'amour que j'ai pour toi ne changera jamais* ». Les montagnes ne bougent pas, les collines ne changent pas ; si Dieu utilise cette anecdote, c'est pour montrer que son alliance d'amour en notre faveur subsistera même au milieu de catastrophes plus grandes que celle du déluge, elle demeurerait quand ce qu'il y a de plus antique et de plus inébranlable dans le monde viendrait à crouler

Quant à nous les apprenants, mes frères et sœurs, nos devoirs envers nos mentors dans la foi sont ceux de tout enfant envers son parent dans la chair. Ephésiens 6, 1 : « *Enfants, obéissez à vos parents dans le Seigneur, car cela est juste* ». Je n'oublie jamais ce conseil vieux de 2 700 ans, attribuée à Solon d'Athènes, un des 7 sages de la Grèce antique, que me disait souvent mon père : « *Si un jour tu veux commander, il te faut apprendre à obéir* ». C'est malheureusement souvent de nos jours que ce devoir est négligé : on assiste à une prolifération de jeunes chrétiens « spirituellement » mal élevés, qui ne savent plus obéir à nulle autre injonction que celle que leur cœur. Soyons obéissants, mes amis, les expérimentés ont vu beaucoup de choses : « *Telle voie paraît droite à un homme, mais son issue, c'est la voie de la mort* ». Quelqu'un peut penser que sa conduite est bonne, et pourtant, en fait, elle conduit à la mort. Obéissons aux parents et aux aînés dans la foi, tant que l'ordre qu'ils donnent est légitime ou selon le Seigneur.

Nous, les enfants spirituels, au-delà de l'obéissance, nous devons aussi honorer ceux qui nous ont précédé dans la foi et ayant cette charge de nous conduire spirituellement. Exode 20, 12 : « *Honore ton père et ta mère, afin que tes jours se prolongent sur la terre que le SEIGNEUR, ton Dieu, te donne* ». Honorer signifie traiter avec beaucoup de respect et d'égards. Le fait d'honorer nos conducteurs spirituels doit être démontré par notre conduite, notre estime et notre obéissance à leur égard. Même si le respect devient de plus en plus rare dans notre société actuelle, quand vos parents vous appellent, répondez-leur, quand ils vous envoient accomplir une tâche, faites ce qu'ils vous demandent, abstenez-vous de ce qu'ils vous interdisent. Efforcez-vous de réconforter en tous points vos parents, donnez-leur une vieillesse paisible. Avez-vous un jour lu Deutéronome 27, 16 ? « *Maudit soit celui qui méprise son père et sa mère ! Et tout le peuple dira : Qu'il en soit ainsi !* » Mépriser c'est dédaigner, négliger, déprécier, ne pas mettre à sa juste valeur, diminuer la valeur …

Ma prière, pour aujourd'hui, c'est que Dieu atteigne ses objectifs dans la vie de chacun de nous au travers de ce message au nom du Père, du Fils et du Saint-Esprit. AMEN !

* * *

En titre de rappel, le discipolat peut être définie comme l'œuvre ou l'action du disciple. Le disciple c'est, par conséquent, une personne qui reçoit l'enseignement d'un maître ou une personne qui adhère aux doctrines d'un maître. Suivant le sens du Nouveau Testament, « disciple » vient de « *discipulus* » ; qui veut dire « apprenant » ou « élève ». Dans le contexte chrétien, un disciple est donc quelqu'un qui suit Jésus-Christ et ses enseignements.

Signalons, cependant, que le fait que nous soyons chrétiens ne veut pas dire pour autant que nous sommes disciples de Jésus, même si nous sommes membres de Son Royaume. Etre disciple de Christ, c'est le reconnaître comme Seigneur, le servir comme un esclave pour son maître. Aujourd'hui, nous parlons du DISCIPOLAT FACE AU PSEUDO-EVANGILE D'AUJOURD'HUI.

Lisons de ce fait Luc 6, 46 :

Pourquoi m'appelez-vous « Seigneur ! Seigneur ! » et ne faites-vous pas ce que je dis ?

Mes frères et sœurs, il est frappant de relever que dans plusieurs de nos langues vernaculaires, nous avons un problème sérieux avec le mot « seigneur ». En swahili, par exemple, Seigneur se dit *Bwana*, le même mot que nous utilisons pour *monsieur*. Nous disons alors *Bwana Soleil* (Monsieur Soleil), *Bwana Liwali* (Monsieur le Gouverneur), et *Bwana Yesu* (Seigneur Jésus). Il en résulte, qu'en cela, nous avons perdu toute notion du concept « seigneur ». Dire que Jésus est Seigneur n'est pas trop différent de « Jésus est Monsieur ».

Sachons-le, Seigneur ne signifie plus aujourd'hui ce qu'il signifiait du temps de Jésus. Les recherches de plusieurs biblistes nous enseignent qu'à cette époque, cette appellation était synonyme d'autorité suprême, le premier, celui qui était au-dessus de tous et de tout, mieux encore le propriétaire de la création. Le mot grec *kurios*, que je traduis par « seigneur » ; lorsqu'il était écrit en minuscule, c'était le nom par lequel les esclaves s'adressaient à leurs maîtres. Néanmoins, si ce même mot était écrit avec une majuscule, il ne s'appliquait qu'à une seule personne dans tout l'Empire Romain : *César de Rome était le Seigneur.*

D'où, quand les fonctionnaires et les soldats se croisaient dans la rue, ils devaient se saluer en disant : « *César est le Seigneur !* » A quoi il fallait répondre : *« Oui, le Seigneur est César ! »* Vous comprenez de ce fait pourquoi les chrétiens sous César avaient de sérieux problèmes : Quand, dans la rue, à la question : « *César est le Seigneur !* », ils répondaient : « *Non, c'est Jésus-Christ qui est le Seigneur !* » César savait, en effet, que les chrétiens voulaient dire par là qu'ils étaient engagés envers une autre autorité et que, dans la balance de leur vie, Jésus-

Christ pesait bien plus que lui ; ce n'est pas donc étonnant, dans ces conditions, que César les ait persécuté.

Le discipolat face au pseudo-évangile d'aujourd'hui ... Bien-aimés, contrairement au pseudo-évangile d'aujourd'hui, *l'Evangile que nous avons dans la Bible c'est l'évangile du Royaume de Dieu.* C'est un message sans détours qui présente Jésus comme Roi, comme Seigneur, comme autorité suprême. Dans ma Bible, Jésus est au centre de toutes choses. Contrairement à cet évangile nouveau et mensonger que nous écoutons par-ci par-là dans nos médias et sur Internet, l'évangile du Royaume est un évangile christocentrique ; tout est centré sur Christ.

Pourtant, remarquez, mes frères et sœurs, au cours des derniers siècles, on nous présente un autre évangile, *le cinquième évangile* peut-être, comme l'appelle le Pasteur brésilien Juan Carlos, un évangile humain, un évangile anthropocentrique. Quand vous écoutez nos chers évangélistes parler aujourd'hui, c'est comme s'il s'agit de la bonne nouvelle de l'offre irrésistible, l'évangile de l'occasion à ne pas rater, l'évangile de l'affaire en or. Combien n'a-t-on pas écouté : « *Bien-aimés, acceptez Jésus aujourd'hui ...* » Mais, soyons quand-même sérieux, mes frères et sœurs : là c'est nous qui acceptons Jésus au lieu que lui nous accepte ! Les Saintes Ecritures sont claires à propos : c'est Jésus qui nous accepte et non le contraire.

A tous ceux qui ont reçu Jésus, il leur a donné le pouvoir de devenir enfants de Dieu ... J'aime beaucoup la version Parole Vivante qui change le mot *pouvoir* au mot *privilège.* Un privilège c'est un avantage particulier accordé à un seul individu ou à une catégorie d'individus avec faculté d'en jouir en dehors de la loi commune. Nous ne méritons pas, mais Jésus nous donne la faveur de devenir enfants de Dieu. Quand les évangélistes nous disent : « *Le pauvre Jésus est en train de frapper à la porte de votre cœur. S'il vous plaît, papas et mamans, ouvrez-lui la porte.* » Il n'est pas, dans ce cas, étonnant de voir nos fidèles penser faire une grande faveur à Jésus en devenant chrétiens.

Dans nos méthodes d'évangélisation, nous avons souvent dit aux gens : « *Si vous acceptez Jésus, vous aurez la joie, vous aurez la paix, la santé, la prospérité...* » Plusieurs fois, nous avons été tenté de dire : « *Si vous donnez mille francs à Jésus, il vous en redonnera deux milles ...* » Jusque dans la disposition de meubles, nos réunions sont centrées sur l'homme, jusque dans la disposition des meubles tout est axé sur l'homme. Dans notre liturgie de l'église, quand nos pasteurs établissent les programmes, ils ne pensent plus à Dieu mais plutôt à leur auditoire. Pour que les gens ne se fatiguent plus, désormais nos veillées de prières prennent une demi-nuit, nos cultes fonctionnent sous une liturgie de routine : prélude, chorales, accueil, louange et adoration, prédication, annonces, offrandes et postlude. Chaque jour c'est la même chose que quand on omet une étape ou on intervertit, c'est toute une pluie d'avertissements, c'est comme si le culte a bâclé. Toutes ces choses paraissent bonnes, mais où est Jésus, le Seigneur, dans tout cela ?

Nos prières sont centrées sur l'homme que nous n'avons plus d'intercesseurs aujourd'hui : sauve qui peut, chacun pour soi et Dieu pour tous. Personne ne prie plus pour personne en ces jours, chacun vient participer au programme hebdomadaire de prière pour ses propres problèmes. Et nos prières ? « *Seigneur, bénis ma maison, bénis mon mari, bénis mon travail,... pour la gloire de Jésus, amen* ». Ecoutez-moi bien, mes amis en Christ, cette prière n'est pas du tout pour la gloire de Jésus, c'est pour nous ! Rien de moins ni de plus ! J'ai vu même de frères et sœurs qui ont demandé au Seigneur le mariage, pas pour son plan divin dans leur vie, mais juste pour que leurs ennemis se sentent humiliés. Si nous ne pouvons que faire appel aux intérêts de l'homme dans tout, Jésus devient alors le Sauveur et le Guérisseur qui vient pour l'homme. Voilà le centre de notre évangile d'aujourd'hui ; pourtant déplacé : Jésus est aussi venu comme le Roi qui nous ordonne d'exécuter sa volonté. C'est triste que dans notre approche, nous employons souvent les mots justes, pendant que notre état d'esprit n'est pas juste.

Ecoutez, mes frères et sœurs, les gens du Moyen-âge se trompaient, pensant que la terre était le centre de l'univers. Autant ils se trompaient, autant nous aussi nous pensons faussement être le centre de l'univers. Je l'ai souvent remarqué pendant notre catéchuménat, je rencontre de candidats aux baptêmes qui pensaient que Dieu, notre Seigneur Jésus-Christ, le Saint-Esprit et tous les anges tournent autour de nous. Un catéchiste a même enseigné que le ciel est fait uniquement pour nous et que tout existe au paradis pour notre bien-être, quelle erreur magistrale ? Croire que le ciel est fait pour nous, en grande partie, est une arnaque spirituelle. 1 Colossiens 1, 16 déclare que *tout a été créé par lui et pour lui…* Il faut que nous changions notre centre de gravité, comprendre que c'est Dieu qui est le centre ; que c'est lui le soleil et nous tournons autour de lui.

En effet, mes amis, comment allons-nous impacter dans notre discipolat et prétendre changer le monde alors que même notre motivation pour l'évangélisation est centrée sur l'homme ? Il n'y a pas longtemps, j'ai annulé ma participation à un séminaire quand le Pasteur de l'église hôte m'a dit qu'ils avaient financé la campagne d'évangélisation à 7 000 dollars dans le but de récolter au moins 15 000 dollars à la fin. Bien-aimés, Jésus a dit : « *Allez et faites de toutes les nations des disciples... Baptisez-les !* » Ce baptême est signe de la conversion en Christ, mieux encore le changement des habitudes de gens du monde par les habitudes du ciel. Ecoutez : il est impossible de réussir cette noble tâche quand nous sommes motivés par l'argent à mettre sous nos poches. Cela peut paraître bien quand on parle des entreprises de l'église ou de ressources de revenu, je ne suis pas contre, mais c'est dangereux quand elles priment ; ceci, tout simplement parce qu'à l'église tout doit être motivé par Christ. Même notre prédication ! Nous ne prêchons pas aux âmes perdues parce que ça nous fait mal de le voir s'embourber dans le péché, non, mais parce que Dieu nous commande de le faire, et qu'en tant que Seigneur, il nous exige d'étendre son Royaume.

L'évangile moderne c'est de fois ce message constitué de versets pris ici et là dans la Bible, tous les versets qui nous plaisent, qui offrent ou promettent quelque chose : Matthieu 7, 7 ; Marc 11, 24 ; Luc 11, 9 ; Jean 14, 13 … Paradoxalement, nous nous faisons une théologie systématique à partir de ces versets, en ignorant les autres versets qui présentent les exigences de Jésus-Christ. Mes frères et sœurs, qui nous autorise en effet à faire cela? Qui a donné aux chrétiens d'aujourd'hui le droit d'embrasser un seul côté du message de Jésus pour s'en détourner de l'autre côté ? Ma sœur si, à votre mariage, au moment d'échanger les vœux, ton mari te dit qu'il t'accepte seulement comme sa cuisinière personnelle ou comme sa femme de ménage, que vas-tu dire ? Je vois les femmes qui rétorqueront : « *Doucement, Papa ! Ne va pas si vite ! C'est vrai que je vais cuisiner pour toi, bien faire la vaisselle pour toi mais je ne suis pas ta bonne dans notre maison, je suis ta femme : tu dois me donner ton amour, ton cœur, ta maison, ton argent – tout de toi.* »

Avec Jésus, c'est la même chose ; mes amis. C'est vrai qu'Il est notre Sauveur et notre Guérisseur, mais nous ne pouvons pas découper Jésus-Christ en morceaux et prendre seulement les morceaux qui nous intéressent : Il est aussi notre Seigneur ! Celui qui donne les ordres auxquels nous obéissons ! Nous sommes comme les enfants auxquels on donne une tartine de pain avec de la confiture, ils mangent la confiture et vous rendent le pain. Vous y remettez de la confiture et encore une fois ils lèchent la confiture, cela jusqu'à fatiguer ... Le Seigneur Jésus est notre Pain de Vie et, peut-être, bien que le ciel est comme la confiture ; il nous faut donc manger le pain aussi bien que la confiture.

Ça fait rire, mais permettez-moi de vous le demander : si un grand congrès de théologiens pouvait décider que le ciel et l'enfer n'existent pas, combien de gens resteraient aujourd'hui dans leurs églises après une telle annonce ? La plupart partirait, ça c'est sûr. Ils sont venus uniquement pour la confiture, pour leurs propres intérêts - être guéris, fuir l'enfer, aller au ciel ; pas pour Christ. Quand Pierre termina sa prédication le jour de la Pentecôte, en Actes 2, 36, il avait dit les choses clairement : « *Que toute la maison d'Israël sache donc avec certitude que Dieu a fait Seigneur et Christ ce Jésus que vous avez crucifié* ».Voilà son thème : « *Jésus-Christ Seigneur* ». Rien de plus ni de moins : « *Jésus-Christ Seigneur* ». C'est pour cela d'ailleurs que quand ses auditeurs comprirent que Jésus était effectivement Seigneur, ils furent « *transpercés au cœur* » (verset 37) et commencèrent à trembler. Frère et sœur, quel effet cela te fait d'écouter que Jésus est Seigneur ?

L'apôtre Paul, dans Romains 10, 9, résume son évangile en écrivant en ces mots : « *Si, de ta bouche, tu confesses que Jésus est Seigneur et si, dans ton cœur, tu crois que Dieu l'a ressuscité des morts, tu seras sauvé* ». Pour Paul, Jésus est Seigneur, il est plus que Sauveur. Jésus nous a commandé de ne pas tuer. Jésus nous a commandé d'aimer notre prochain. Qui a le droit de décider que tel commandement est obligatoire et tel autre est facultatif ? Voyez-vous combien l'évangile moderne a créé quelque chose d'étrange ? Un commandement facultatif ! Et donc, même si c'est Jésus qui l'a dit, je l'exécute si je veux ; si je ne veux pas, c'est très bien aussi. Ce n'est pas l'évangile du Royaume, celui-là.

C'est quoi alors l'évangile du Royaume, le vrai message biblique, me demanderez-vous ? Lisons ensemble Matthieu 11, 28-29 : « *Venez à moi, vous tous qui êtes fatigués et chargés, et je vous donnerai du repos. Prenez mon joug sur vous et recevez mes instructions.* » Nous aimons bien entendre le premier des deux versets cités ci-dessus, mais les paroles de Jésus « *prenez mon joug sur vous* » nous déplaisent. En titre de rappel, un joug est une pièce de bois qu'on met sur la tête des bœufs pour les atteler. Et donc, Jésus nous décharge de fardeaux du diable, mais nous lie à Dieu par ses instructions. Le salut n'est plus ainsi seulement être libéré de nos fardeaux et de nos problèmes, bien que nous soyons vraiment libérés de ce joug-là, mais c'est aussi accepter de recevoir un autre pour le remplacer : le joug de Jésus. Le Saigneur Jésus vous délivre de tous vos problèmes, afin que vous portiez Ses problèmes. Autrement dit, désormais, vous ne vivez plus pour vous-même, mais vous vivez pour le Roi. Voilà le vrai évangile biblique.

L'évangile moderne est composé de tous les versets que nous avons soulignés dans notre Bible, mais l'évangile du Royaume c'est celui qui est caché dans ces versets que nous ne pensons même pas souligner ; c'est exactement là, oui-là, que vous trouverez la vérité qui nous manque. Lisez bien les Saintes, où vous trouverez une promesse, il y a aussi une condition. Raison pour laquelle, je ne souligne plus rien dans ma Bible, parce que le fait de souligner sépare les versets en première et deuxième classe. Dans l'Ancien comme dans le Nouveau Testament, au côté du Serviteur Souffrant, *l'EBED YHWH*, Jésus est aussi et d'ailleurs souvent présenté comme le *Seigneur* et le *Roi* à venir. Il est plus grand qu'Abraham, Moïse, les prophètes ou les anges. Même David l'appelle « mon Seigneur » dans le Psaume 110, 1.

Zachée était un agent de la Direction Général des Impôts de Jéricho, il était directeur même et vraiment quelqu'un de riche. Toutefois, savez-vous comment est-ce que Jésus s'est présenté à lui ? Contrairement à nos pasteurs d'aujourd'hui qui respectent hypocritement tous les hommes et femmes friqués dans nos églises, Jésus n'a pas demandé à Zachée s'il voulait ou pas le recevoir, non, il savait que cela laisserait un choix à Zachée ! Ainsi, avec sa Toute Seigneurie, Jésus a levé les yeux vers l'arbre et donna un ordre : « *Zachée, hâte-toi de descendre ; car il faut que je demeure aujourd'hui dans ta maison* ». Zachée, dépêche-toi de descendre... La version Nouvelle Bible Segond dit : « *Zachée, descends vite ; il faut que je demeure aujourd'hui chez toi* ».

C'est exactement ce qui doit arriver, mes frères et sœurs ! Quand on est le Seigneur, on ne donne pas le choix aux gens. Le salut n'est pas un choix, moins encore une option, c'est un ordre. Il fallait que Zachée décide maintenant de ce qu'il allait faire avec cet ordre : obéir ou désobéir. Obéir, c'est reconnaître que Jésus est l'autorité, le Seigneur. En désobéissant, Zachée devenait l'ennemi de Jésus. Il décida d'obéir et de devenir disciple, selon Luc 19, 1-10. Zachée conduisit Jésus et les apôtres chez lui. C'est depuis presque une année que je suis marié, j'imagine de lors sa conversation avec sa femme : « *Mais chéri, plus de douze personne ? Pourquoi ne m'as-tu pas prévenue le matin que tu vas inviter du monde à déjeuner chez nous ?* » « *C'est tout simplement, parce que, chérie, je ne les ai pas invités ; parle moins fort que ça, ma puce ... Ils se sont invités eux-mêmes !* » C'est à la femme de Zachée de s'étonner, comme vous vous étonnez exactement ! Oui, Mesdames et Messieurs, Jésus n'a pas besoin d'une invitation. Il est le Seigneur de toutes les maisons et le Seigneur de toutes les personnes.

Ecoutez ! Par la suite, Jésus dira : « *Le salut est entré aujourd'hui dans cette maison* ». A vous qui aimez les méthodes et vous ne pouvez vous en passer, vous êtes-vous une fois demandé quand Zachée a-t-il été sauvé ? Personne ne lui avait expliqué le plan du salut. Personne ne lui avait enseigné les « *Quatre Lois Spirituelles* ». Personne ne lui avait lu ces bouquets de la Communauté Baptiste au Centre de l'Afrique sur le discipolat. Quand Zachée a-t-il exactement été sauvé ? C'est à partir du moment *où il a obéi* au Seigneur. Dans le discipolat, mes frères et sœurs, Jésus a besoin de disciples obéissants. C'est pour cela qu'il dit en Matthieu 28, 20 : « *et apprenez-leur à observer* (suivre exactement, scrupuleusement, se conformer de façon régulière à…) *tout ce que je vous ai prescrit* ».

La même chose s'est passée avec Matthieu, un taxateur. Au-delà de toutes les occupations qu'il devait avoir, Jésus ne lui a pas laissé le choix, il lui a dit : « *Matthieu, suis-moi !* » Administrativement, Jésus devrait se mettre à la queue comme tout le monde et attendre patiemment son tour ou, attendre carrément le soir pour aller le trouver chez lui et causer dans le calme. La vérité c'est que ce n'était pas une invitation, c'était un ordre : à Matthieu d'obéir ou de désobéir. L'évangile du Royaume est clair : « *Repentez-vous et croyez !* » Soit vous le faites, soit vous ne le faites pas.

Voyez ce qui est arrivée au jeune homme riche de Luc 18. Il interrogea Jésus : « *Maître, que dois-je faire pour hériter la vie éternelle ?* » Il avait fait presque tout ce qui était nécessaire, selon le récit biblique, mais Jésus lui dit : « *Il te manque encore une chose : Vends tout ce que tu as... Puis viens et suis-moi* » (v. 22). Le jeune homme est reparti chez lui très triste. Ah, peut-être comme moi, nos évangélistes d'aujourd'hui lui aurait couru après, disant : « *Jeune homme, ne vous énervez pas, venez quand même ; on trouvera bien un arrangement.* ». Mais notre Seigneur Jésus ne travaillait pas de cette façon-là ; exactement, avec raison, car cela aurait voulu dire que le jeune homme riche pouvait suivre Jésus, mais à ses propres conditions, vouloir commander Jésus. C'est pourquoi Jésus, tout en l'aimant, il le laissa partir.

Enfin, un jour, Luc 9 de 59 à 62, Jésus ordonna à un autre de le suivre. L'homme venait de perdre son père et, logiquement, sa réponse fut : « *Excuse-moi, Seigneur, il faut d'abord que j'aille enterrer mon père.* » Nous aurions répondu : « *Bien sûr, bien sûr ! Excusez-moi de vous avoir appelé maintenant. Oh, mon pauvre ami, je suis navré. Prenez donc trois ou quatre semaines pour les funérailles et enfin...* » Non ! Jésus ne travaillait pas comme ça : il lui dit de laisser à ceux qui sont spirituellement morts le soin d'enterrer leurs morts et d'organiser les funérailles. L'homme avait été d'accord de suivre Jésus, mais il avait en lui les « *permets-moi d'abord...* » A nous, Jésus nous exige d'aller proclamer le Règne de Dieu, qu'en est-il de nous ? Qui a la primauté dans nos décisions si ce n'est Jésus ? Voici encore un autre qui voulait suivre Jésus à ses propres conditions, mais Jésus lui répond : « *Non, c'est à mes conditions* ».

Dans le vrai évangile, en Matthieu 6, 33, Jésus dit : « *Cherchez premièrement le royaume de Dieu et sa justice, et toutes ces choses vous seront données par-dessus.* ». La version Parole Vivante dit : « *Préoccupez-vous donc en premier lieu du Règne de Dieu et de ce qui est juste à ses yeux, alors tout le reste vous sera donné par-dessus le marché* ». C'est quoi le pardessus dont il est question, dans ce texte ? Le contexte est clair : nourriture, vêtement, maison, voiture et toutes les choses nécessaires à la vie. Dieu a promis toutes ces choses à ceux qui cherchent Son Royaume. Tout ce que j'ai à faire, c'est de chercher Son Royaume. Si quelqu'un d'une autre planète devait venir observer comment vivent les chrétiens, il s'imaginerait que Jésus avait dit le contraire ; nous sommes comme de fous qui mettent la chemise par-dessus le manteau.

En contextualisant Matthieu 28, 18-20, Jésus est en train de dire à ses disciples : « *Je suis le commandant en chef des armées de Dieu. Je dois régner sur l'univers pour mon Père. Mais à vous je confie la charge de cette planète. Vous devez aller dans le monde entier et faire partout des disciples, les baptisant et leur enseignant à obéir à tous mes commandements. Pendant ce temps, je m'en vais conquérir d'autres mondes. Au revoir, et faites un bon travail.* » Ainsi, centimètre après centimètre, je dois récupérer le territoire qui appartient à Dieu. Pour ce faire, il me faut manger ; pour manger, il me faut travailler. Mais le but de tout cela, c'est d'étendre le Royaume de mon Seigneur.

Cela veut dire, mes amis, que votre échelle de valeurs doit changer. Vous ne faites pas des études à l'université pour obtenir un diplôme ; mais vous êtes là en tant que membres du Royaume de Christ, vous êtes là afin de vaquer aux affaires du Royaume. Vous ne travaillez pas chez *Orange, DGM, DGI* ou chez telle autre Organisation pour gagner de quoi vivre, non, vous y êtes parce que Dieu a besoin de ce coin-là de la terre pour lui ; Dieu a besoin d'un de ses soldats qui saura le lui assujettir. Il se trouve que les entreprises qui nous empochent subviennent aux besoins financiers de notre quotidien, mais notre vrai boss, notre Seigneur, Celui qui dit le dernier mot c'est Jésus-Christ. Dans le cas contraire, il faudrait que vous cessiez d'utiliser le nom « Jésus Seigneur », parce que Jésus vous demande en ce jour : « *Pourquoi m'appelez-vous Seigneur, Seigneur ! et ne faites-vous pas ce que je dis ?* »

* * *

QUI EST DISCIPLE, SELON LA COMPREHENSION DE JESUS-CHRIST ? Nous avons parlé hier de ce qu'est un seigneur. Maintenant, nous allons voir ce qu'est un disciple ou un serviteur. Disons-le encore, le fait que nous soyons chrétiens ne veut pas forcément dire que nous sommes les disciples de Jésus, même si nous sommes membres de Son Royaume. Suivre le Christ, c'est le reconnaître comme Seigneur, c'est le servir comme un esclave.

Je lis la Bible Luc 17, 7-10, Nouvelle Bible Segond :

« Supposons ceci : l'un de vous a un serviteur. Il laboure les champs ou il garde les troupeaux. Quand le serviteur revient des champs, vous ne lui dites pas : " Va vite manger ! " Au contraire, vous lui dites : " Prépare mon repas. Ensuite, change de vêtement, viens me servir pendant que je mange et que je bois. Après, tu mangeras et tu boiras à ton tour. " Vous ne remerciez pas votre serviteur parce qu'il a fait ce que vous avez commandé. C'est la même chose pour vous maintenant. Quand vous faites tout ce que Dieu vous commande, dites : " Nous sommes des serviteurs ordinaires, nous avons fait seulement ce que nous devions faire. " »

Du même passage, la version Darby dit ce qui qui suit :

« *Mais qui est celui d'entre vous, qui, ayant un esclave labourant ou paissant le bétail, quand il revient des champs, dise, Avance-toi de suite et mets-toi à table ? Ne lui dira-t-il pas au contraire, Apprête-moi à souper et ceins-toi, et me sers jusqu'à ce que j'aie mangé et bu ; et après cela, tu mangeras et tu boiras, toi ? Est-il obligé à l'esclave de ce qu'il a fait ce qui avait été commandé ? Je ne le pense pas. Ainsi, vous aussi, quand vous aurez fait toutes les choses qui vous ont été commandées, dites, Nous sommes des esclaves inutiles ; ce que nous étions obligés de faire, nous l'avons fait* ».

Jésus, dans ce texte, s'adresse à des gens qui sont pleinement conscients du sens du mot « serviteur » ou « esclave » ; selon le texte original. Quand j'essaie d'y méditer, nous n'avons plus de telles personnes aujourd'hui : le plus proche équivalent serait un « domestique » ou une bonne mais un serviteur au premier siècle était un véritable esclave. A l'époque, un serviteur c'était une personne qu'on avait vendu au marché comme un animal, on accrochait un prix autour de son cou et des acquéreurs marchandaient pour l'avoir. Somme toute, quelqu'un qui l'avait acheté, le ramenait à la maison et perçait son oreille pour qu'il puisse y porter un anneau au nom de son maître.

Pour ainsi le dire, un esclave c'était une personne qui avait tout perdu sa volonté dans ce monde, car même son nom avait disparu. Il ne recevait aucune paie pour son travail. Il avait perdu toute liberté. Si son propriétaire lui disait : « *Tu vas te lever à six heures* », il se levait à six heures. Si son propriétaire voulait que quelque chose soit fait à minuit, l'esclave devait obtempérer. Il était serviteur. Plus de liberté. Plus de choix. Rien pour lui, tout pour son maître.

Quand, en conséquence, Jésus a commencé à raconter sa petite histoire du maître qui invite son esclave à manger d'abord, certainement que les disciples ont bien ri du fait que personne ne pouvait imaginer une telle éventualité. Logiquement, il fallait que l'esclave serve son maître d'abord ; toujours d'ailleurs. Après le champ, il devait se laver, changer d'habits, préparer le repas, servir son maître, et puis, seulement après que le maître ait mangé et se soit couché, avait-il le droit de penser un peu à lui et manger les restes. C'est pour quoi, vous voyez, quand Jésus demande : « *Aura-t-il de la reconnaissance envers ce serviteur parce qu'il fait ce qui lui était ordonné ?* », tous ses auditeurs s'exclament : « *Bien sûr que non !* ». A Jésus alors de conclure : « *Vous de même, quand vous avez fait tout ce qui vous a été ordonné, dites : Nous sommes des serviteurs inutiles, nous n'avons aucun mérite particulier : nous n'avons fait que notre devoir.* »

Ça fait froid au dos, pensant à nous aujourd'hui ! Que de la recherche de la reconnaissance et de remerciements pour le peu que nous avons fait ! Pourtant c'est ça le véritable évangile christocentrique. Paul avait bien compris que nous sommes les esclaves de Christ, rachetés par Lui, lorsqu'il dit en Romains 14, 7-8 : « *Personne parmi nous ne vit pour soi-même, et personne ne meurt pour soi-même. Si nous vivons, nous vivons pour le Seigneur, si nous mourons, nous mourons pour le Seigneur. Alors, en vivant ou en mourant, nous appartenons au Seigneur.* » Mes frères et sœurs, nous avons été achetés à un grand prix. Voilà pourquoi dans le Nouveau Testament on trouve si souvent des expressions du genre : « *Paul, serviteur de Jésus-Christ* », « *Jacques, serviteur de Dieu et du Seigneur Jésus-Christ* », « *Simon Pierre, serviteur et apôtre de Jésus-Christ* », jusqu'à Marie qui se dit la servante, littéralement l'esclave, du Seigneur en Luc 1, 38.

Mes frères et sœurs, tout chrétien qui se veut disciple doit bien comprendre 2 Corinthiens 5, 21 : « *Celui qui n'a point connu le péché, il l'a fait devenir péché pour nous, afin que nous devenions en lui justice de Dieu.* » Jadis, nous étions perdus dans le péché, entre les mains de Satan ; maintenant, nous sommes perdus dans les mains de Jésus. Nombreux sont ceux qui pensent que le salut c'est de recevoir la liberté. Oui, en quelque sorte, mais pas tout à fait. « *Libérés du péché, vous êtes devenus esclaves de la justice* », nous dit Romains 6, 18. Voyez-vous, mes frères et sœurs, il y a deux maîtres dans ce monde et chacun a un royaume : selon

Ephésiens 2, 3 nous sommes nés dans le royaume des ténèbres, nous étions des citoyens naturels du royaume de l'égoïsme, l'endroit où chacun fait ce qu'il veut mais, maintenant, nous sommes passés de la souveraineté de Satan à la souveraineté de Jésus-Christ. Ici, Royaume de Dieu, nous ne pouvons plus faire tout ce qui nous plaît, dans ce Royaume c'est en effet lui le Roi, c'est lui qui règne, c'est lui qui commande et nous conformons notre vie à ses désirs et à ses souhaits.

Je n'oublierai jamais, un jour que je parlais à l'université de mes faibles commencements dans la vie chrétienne et d'exigences qui s'en sont suivi juste après ma prise de responsabilité chrétienne face à mon appel, une jeune dame s'est écriée : « *Quelle vie de misère et de fatiguant ?* » Beaucoup diront de même, je le sais, mais pas forcément qu'ils ont raison ! Vous savez, mes amis, le royaume des ténèbres c'est comme un bateau qui est en train de couler et dont le capitaine, sachant que son navire sera bientôt perdu, va voir les passagers et leur dit de se sentir libres et de faire tout ce qu'ils veulent. Les passagers diront certainement : « *Qu'est-ce qu'il est gentil, notre capitaine !* », mais ceux qu'ils ignorent, c'est qu'ils seront tous morts quelques instants après. En effet, dans le royaume des ténèbres, vous êtes libres de faire tout ce qui vous arrive en tête, vous pensez être maîtres de vos vies, vous êtes conduit par l'esprit égoïste qui vous anime, mais ce n'est qu'une question de temps : d'un moment à l'autre, tout va se chambouler, à votre détriment.

Pour continuer, lisons ensemble Luc 9, 22-26 : *Il ajouta qu'il fallait que le Fils de l'homme souffrît beaucoup, qu'il fût rejeté par les anciens, par les principaux sacrificateurs et par les scribes, qu'il fût mis à mort, et qu'il ressuscitât le troisième jour. Puis Jésus dit à tous : « Si quelqu'un veut être mon disciple, qu'il renonce à lui-même, qu'il se charge chaque jour de sa croix et qu'il me suive, car celui qui voudra sauver sa vie la perdra, mais celui qui la perdra à cause de moi la sauvera. Que sert-il à un homme de gagner le monde entier, s'il se perd ou se détruit lui-même ? En effet, celui qui aura honte de moi et de mes paroles, le Fils de l'homme aura honte de lui, quand il viendra dans sa gloire et dans celle du Père et des saints anges.* »

Dans ce passage, Luc nous dépeint la marche de Jésus et de ses disciples vers Jérusalem. C'est pendant ce voyage qu'il va enseigner et donner les bases nécessaires pour la vie de disciple. Mais au-delà de la description littérale d'un voyage, j'aime parce que pour moi c'est de la marche spirituelle dont Luc fait aussi ici le récit. Cette marche vers Jérusalem a, en effet, une portée métaphorique dans le sens où le parcours de Jésus et de ses disciples dessine la marche chrétienne, ses difficultés, ses aspirations et nous donne même des exemples. Cette marche vers Jérusalem est en quelque sorte notre marche vers la Jérusalem céleste ; elle nous aide ainsi à suivre Jésus, à devenir ses disciples.

Notez, frères et sœurs, c'est pour la première fois que Jésus parle à ses disciples de son ultime mission, qu'il doit souffrir, mourir et ressusciter. Puis, il discute de l'attitude de ses disciples qui devra être la même que la sienne, c'est-à-dire refuser d'orienter sa vie selon ses petits intérêts personnels et démontrer publiquement sa soumission et son obéissance à Dieu. Pour Jésus, si quelqu'un veut apprendre de lui et être comme lui, il ne doit plus penser à lui-même. Il faut qu'il renonce à tous ses droits sur lui-même, qu'il se charge chaque jour de sa croix, et qu'il marche sur les traces de pas de Jésus-Christ. Voilà en effet être un disciple : celui qui est préoccupé de sauver sa vie ici-bas, perdra sa véritable vie ; mais celui qui acceptera de perdre sa vie d'ici-bas par amour pour le Christ, trouvera la vraie vie.

Le disciple est ainsi, premièrement, quelqu'un de soumis, de transparent, de fidèle, de loyal. Jean 8, 31 : « *Et il dit aux Juifs qui avaient cru en lui : Si vous demeurez dans ma parole, vous êtes vraiment mes disciples* ». Jean 15, 14 : « *Vous êtes mes amis, si vous faites ce que je vous commande* ». Dans une séance de coaching et mentorship de Mission d'Impact, un jeune frère a demandé à un pasteur retraité : « *Comment se fait-il que plusieurs personnes, après avoir commencé la course avec Dieu, n'atteignent pas les hauteurs qu'ils devraient atteindre ?* » Au pasteur de répondre : « *Tout simplement parce qu'ils ne veulent pas apprendre de ceux qui les ont précédés* ». Il avait raison, le vieux. En effet, mes amis, la bénédiction de Dieu dans la vie d'un homme dépend toujours de quatre facteurs : un temps donné, une circonstance donnée, un lieu donné, enfin une personne donnée.

Plusieurs ministres de Dieu sombrent parce qu'ils ne sont pas encore connectés à la personne vitale : vous pouvez être à votre temps de gloire, dans un milieu aux circonstances favorables, mais si vous n'avez pas une bonne relation avec la personne donnée de votre destinée, vous ne ferez que tourner à rond. Et, ne l'oublions pas, la vie ministérielle ce sont de relations ; et si vous n'avez pas de bonnes relations, vous ne pouvez pas avoir un ministère qui prospère. Parmi toutes les relations que vous devez avoir, il y a au moins une qui intervient de manière déterminante dans votre vie spirituelle, financière, sociale, académique, professionnelle, ... Et, curieusement, malgré notre succès ministériel, Dieu a voulu que nous soyons soumis, transparent, fidèle et loyal envers cette personne ou ces personnes qu'il nous prédispose.

La loyauté c'est la capacité de suivre un homme fidèlement même quand les choses vont mal. Samuel connaissait très bien les défauts d'Eli, il savait que Dieu s'était retiré de lui, mais il avait fermé les yeux et la bouche de son cœur pour sa loyauté. Bien-aimés, le disciple doit se vider de lui-même et accepter de suivre le bon conseil de son pasteur, de son leader. Ecoutez : si votre Eli n'est pas cette personne déterminante, il est néanmoins cet instrument indispensable pour vous conduire à cette personne ou à cette destinée déterminante. La question à se poser est donc : Qui est mon Eli ? Suis-je disposé à l'écouter quand le Saint-Esprit me convainc qu'il est dans la norme ?

Le disciple est prêt à être rejeté. Luc 9, 51 - 56, j'aime comment la version Parole Vivante nous le raconte : « *Lorsque le temps approcha où Jésus devait quitter ce monde pour être enlevé au ciel, il prit courageusement la ferme résolution de se rendre à Jérusalem. Il envoya devant lui quelques messagers. En cours de route, ils entrèrent dans un village de la Samarie pour lui préparer un logement. Mais les Samaritains lui refusèrent l'hospitalité, parce qu'il se rendait à Jérusalem. En voyant cela, ses disciples Jacques et Jean s'écrièrent : Seigneur, veux-tu que nous fassions tomber la foudre du ciel (comme Elie) pour qu'elle réduise ces gens-là en cendres ? Mais Jésus, se tournant vers eux, les reprit sévèrement : Vous ne savez pas quel esprit vous inspire de telles pensées ! Le Fils de l'homme n'est pas venu pour faire mourir les hommes, mais pour leur donner la Vie. Ils se rendirent alors à un autre village* ».

Ici, nous nous rendons compte qu'une des premières difficultés que rencontrent Jésus et ses disciples est le rejet ; on le comprend aisément, vu les relations conflictuelles entre Juifs et Samaritains. De la même manière, même si nous restons partisans de la paix, le disciple de Jésus aujourd'hui sera rejeté par le monde. A côté des antéchrists qui seront toujours là pour nous contrecarrer, avec la structuration de l'église actuelle, il y aura d'hommes et de femmes influents, qui voudront nous arrêter juste pour leurs motifs personnels, égoïstes et démoniques. Mais, j'aime ça, Jésus nous rappelle qu'il ne faut pas réagir farouchement de la même manière que les disciples face à ce rejet : les disciples n'étaient pas là pour juger, mais pour annoncer le salut.

Dans ma communauté, aujourd'hui, il y a une seule manière d'exercer la pastorale : après les études, être muté dans une paroisse et y rester jusqu'à votre retraite. Faire autrement, c'est s'attirer toutes les foudres de ceux qui dirigent, et même de fidèles. L'appel individuel, la mission, l'évangélisation suivant les catégories de gens, ... personne ne veut vous attendre ! Bien-aimés, afficher notre christianisme nous amènera certainement à être rejetés par le monde, mais ces obstacles ne doivent pas nous décourager. Nous devons continuer à proclamer l'Évangile, même face aux oppositions.

Je sais ce que je dis, parce que je l'ai vécu et je le vis encore moi-même. Le rejet fait partie de la vie du disciple, mais il doit être l'occasion de manifester l'amour de Christ, même - et surtout - face à l'incompréhension et à l'hostilité de nos contemporains. J'ai été trois fois excommunié parce que je suis allé prêcher là où ma communauté ne voulait pas, j'ai été maintes fois banni, critiqué, calomnié et j'ai perdu beaucoup d'opportunités à cause de mes positions, mais le meilleur exemple qui me revient est le rejet de Jésus lui-même, qui mena à sa mort : face à ses bourreaux, Jésus fit preuve d'un amour qui nous dépasse. Mes frères et sœurs, quand il s'agit de faire un bien, n'ayons pas peur de ceux qui peuvent tuer le corps, mais dont la puissance ne va pas au-delà ; celui que nous devons craindre, c'est Dieu et Dieu seul.

Le disciple aime son prochain. Jean 13, 35 : « *A ceci tous connaîtront que vous êtes mes disciples, si vous avez de l'amour les uns pour les autres* ». Une des caractéristiques fondamentales du disciple, on ne cessera de le dire, est l'amour du prochain. C'est cet amour qui fait grâce et qui a fait la différence entre la réaction des disciples et celle de Jésus quand ils furent rejetés par les Samaritains. Alors qu'ils demandent du feu pour les consumer, Jésus demande l'amour pour les envelopper. Matthieu 5, 46-47 : « *Si vous aimez seulement ceux qui vous aiment, quelle récompense est-ce que Dieu va vous donner ? Même les employés des impôts font la même chose que vous ! Et si vous saluez seulement vos frères et vos sœurs, qu'est-ce que vous faites d'extraordinaire ? Même les gens qui ne connaissent pas Dieu font la même chose que vous !* »

Bien-aimés, l'amour que Jésus manifeste doit être notre exemple suprême : celui qui veut suivre Jésus doit aimer comme Jésus. La parabole du « bon Samaritain » m'a toujours été très parlante à ce sujet. Alors que tous ceux qui se croyaient importants, et l'étaient évidemment dans la société de l'époque, passent à côté de l'homme à demi-mort, seul le Samaritain l'aidera. Pourtant, c'est celui qui avait le plus de raisons de ne pas le faire. L'attention que porte le Samaritain à l'homme blessé et la générosité dont il fait preuve sont un exemple pour le disciple, il doit aider son prochain, celui qui se trouve sur sa route ; même un païen ou tout celui qui ne mérité pas son amour.

L'humilité est un autre des traits du disciple. En effet, c'est l'humilité dont Jésus a fait preuve qu'il nous faut revêtir. Philippiens 2, 4-8, selon la version Parole de Vie, la Bible nous enseigne : « *Ne cherchez pas votre intérêt à vous, mais cherchez l'intérêt des autres. Entre vous, conduisez-vous comme des gens unis au Christ Jésus. Lui, il est l'égal de Dieu, parce qu'il est Dieu depuis toujours. Pourtant, cette égalité, il n'a pas cherché à la garder à tout prix pour lui. Mais tout ce qu'il avait, il l'a laissé. Il s'est fait serviteur, il est devenu comme les hommes, et tous voyaient que c'était bien un homme. Il s'est fait plus petit encore : il a obéi jusqu'à la mort, et il est mort sur une croix !* »

J'ajoute Romains 12, 3 : « *Par la grâce qui m'a été donnée, je dis à chacun de vous de n'avoir pas de lui-même une trop haute opinion, mais de revêtir des sentiments modestes, selon la mesure de foi que Dieu a départie à chacun* ». La version Parole Vivante dit : « *N'ayez pas une opinion exagérée de votre importance, mais que chacun de vous s'efforce de se faire une idée juste sur lui-même ; ne surestimez pas vos capacités, n'aspirez pas à ce qui dépasse vos possibilités ou qui déborde votre vocation. Acceptez vos limites, celles que vous tracent les dons particuliers qui vous ont été départis en vertu de votre foi.* »

L'humilité et la générosité soulignent l'amour du disciple pour le prochain. Cette humilité, Jésus en parle encore dans la parabole du pharisien et du publicain. Le pharisien qui prie debout se vante d'être mieux que le publicain, alors que l'humilité du publicain le pousse à se reconnaitre pécheur et à craindre Dieu. En Luc 18, 14, Jésus dit que c'est le publicain qui fut justifié plutôt que l'autre et nous explique que celui qui s'abaisse sera élevé. Celui au contraire qui s'élève sera abaissé. Donnez la parole de connaissance autant que cela vous viendra de Dieu, mais faites-le avec humilité, chers disciples. Paul dira de lui-même en 1 Corinthiens 2, 4 : « *Ma parole et mon enseignement n'avaient rien à voir avec les discours convaincants de la sagesse humaine. Mais c'est la puissance de l'Esprit Saint qui apparaissait clairement dans ce que je disais.* »

Le disciple est totalement attaché à Jésus et totalement détaché du monde. A propos, j'ai toujours aimé la prière de Jésus, Jean 17, 15 : « *Je ne te demande pas de les retirer du monde ; mais de les préserver du mal* ». Mes frères et sœurs, nous ne pouvons nous attacher totalement à Dieu que dans la mesure où nous sommes totalement détachés de tout le reste, c'est à dire de tout ce qui est susceptible soit de nous retenir, soit de nous freiner dans notre marche. Je le dis souvent et je le répète ici : *Qui dit engagement dit dépense*. Et Jésus insiste sur le fait que nous devons réaliser ce qu'il en coûte de le suivre. Le prix à payer est élevé et il nous faut prendre conscience des implications de la vie de disciple pour pouvoir nous engager réellement.

Et, chaque disciple doit le retenir, il ne s'agit pas d'un engagement d'un temps, mais de toute une vie. Jésus nous le dit clairement : il est la priorité, celui que nous devons préférer à tous, même à notre famille. Je m'étonne chaque fois que je lis Luc 12, 51-53 : « *Pensez-vous que je sois venu pour apporter la paix sur la terre ? Non certes, mais plutôt la division. En effet, à partir de maintenant, s'il y a cinq personnes dans une famille, elles seront divisées trois contre deux, ou deux contre trois. Le père sera contre le fils, et le fils contre son père ; la mère contre sa fille, et la fille contre sa mère ; la belle-mère contre sa belle- fille, et la belle-fille contre sa belle-mère.* » Luc 14, 26-27 : « *Si quelqu'un vient à moi et n'est pas prêt à renoncer à son père, sa mère, sa femme, ses enfants, ses frères, ses sœurs, et jusqu'à lui-même, il ne peut être mon disciple. Celui qui refuse de porter sa croix, pour marcher sur mes traces, ne peut être mon disciple* ». Par notre engagement, Luc 14, 33 nous le confirme, nous devons être prêts à renoncer à tout ce qui nous retient, c'est à dire tout ce que nous possédons, pour être disciple de Christ.

Le disciple est totalement dépendant de Dieu. Matthieu 6, 24 : « *Nul ne peut servir deux maîtres. Car, ou il haïra l'un, et aimera l'autre ; ou il s'attachera à l'un, et méprisera l'autre. Vous ne pouvez servir Dieu et Mamon* ». Ce détachement concerne particulièrement l'argent et les biens de ce monde, mes frères et sœurs, Jésus est encore une fois très clair : on ne pouvait pas servir deux maîtres en même temps, vous ne pouvez servir en même temps Dieu et l'argent car celui qui est asservi par l'argent ne peut suivre Jésus. Si nous voulons être de bons disciples de Jésus, il nous faut nous détacher de l'emprise que peut avoir l'argent.

Ne me prêtez pas les intentions, mes amis, je ne dis pas que c'est mal d'être un disciple riche et d'aspirer à la grandeur. Cependant, le disciple qui a tout abandonné pour suivre Jésus doit s'attendre à Dieu, Dieu sait ce qui est bon pour nous et veut que nous dépendions totalement de lui. Puisqu'il ne compte plus sur les richesses de ce monde, il doit s'attendre à ce que Dieu la lui donne dans de conditions convenables. C'est la bénédiction de l'Eternel qui enrichit, en effet, car il ne la fait suivre d'aucun chagrin. Si Dieu donne à manger aux oiseaux, à combien plus forte raison donnera-t-il aux disciples qui valent plus que les oiseaux. Dans Luc 12, 22, Jésus dit à ses disciples de ne pas s'inquiéter, Dieu sait ce dont ils ont besoin et les invite à chercher plutôt le royaume de Dieu aux versets 30 et 31. Cette dépendance est autant matérielle que spirituelle.

Disons enfin que *le disciple attend le retour de Jésus-Christ.* Le disciple doit être vigilant. Jésus l'a promis, il reviendra. Et ce retour que les théologiens appellent *la parousie* doit être l'objet d'une ferme espérance et d'une attente soutenue. Le Seigneur nous exhorte à la vigilance dans Luc 12, 35-40 : « *Que vos reins soient ceints, et vos lampes allumées. Et vous, soyez semblables à des hommes qui attendent que leur maître revienne des noces, afin de lui ouvrir dès qu'il arrivera et frappera. Heureux ces serviteurs que le maître, à son arrivée, trouvera veillant ! Je vous le dis en vérité, il se ceindra, les fera mettre à table, et s'approchera pour les servir. Qu'il arrive à la deuxième ou à la troisième veille, heureux ces serviteurs, s'il les trouve veillant ! Sachez-le bien, si le maître de la maison savait à quelle heure le voleur doit venir, il veillerait et ne laisserait pas percer sa maison. Vous aussi, tenez-vous prêts, car le Fils de l'homme viendra à l'heure où vous n'y penserez pas.* »

Frères et sœurs, nous ne savons pas quand le Maître reviendra ; en conséquence, nous devons nous tenir prêt à tout instant. Luc 17, 26-37, Parole Vivante : « *Le jour où le Fils de l'homme reviendra, tout se passera comme au temps de Noé : les gens mangeaient, buvaient, se mariaient et étaient donnés en mariage, et cela jusqu'au jour où Noé entra dans l'arche. Alors vint le déluge qui les fit tous périr. C'est encore ce qui est arrivé du temps de Loth : les gens mangeaient, buvaient, achetaient, vendaient, plantaient, bâtissaient. Mais le jour où Loth quitta Sodome, Dieu fit tomber du ciel une pluie de feu et de soufre qui les fit tous périr. Il en sera de même le jour où le Fils de l'homme apparaîtra. En ce jour-là, si quelqu'un est sur la terrasse de sa maison, qu'il n'en descende pas pour prendre les affaires qu'il aura laissées en bas ; de même, si quelqu'un se trouve en rase campagne, qu'il ne revienne pas chez lui. Rappelez-vous ce qui est arrivé à la femme de Loth. Celui qui cherchera à préserver sa vie, la perdra : mais celui qui sera prêt à la perdre, la conservera. Cette nuit-là, je vous le dis, deux personnes seront couchées dans un même lit : l'une sera emmenée, l'autre sera laissée. Deux femmes tourneront ensemble la pierre de meule : l'une sera emmenée, l'autre sera laissée. Alors les disciples lui demandèrent : Où cela se passera-t-il, Seigneur ? Il leur répondit : S'il y a quelque part un cadavre, c'est là que se rassemblent les vautours* ».

Mais nous, bien-aimés, étant avertis et donc sachant tout cela, nous devons rester vigilants et veiller, car tout cela arrivera sûrement et bientôt, à l'heure où nous n'y penserons.

* * *

En cette quatrième séance où nous allons parler de CONDITIONS BIBLIQUES ET MODE DE VIE D'UN DISCIPLE DE JESUS-CHRIST, je vous prie d'ouvrir vos Bibles, en Matthieu 22, 34-40. J'utiliserai, comme d'habitude, différentes version dans la transmission de mo message mais, de ce passage, la version Parole de Vie le relate comme suit :

Les Pharisiens apprennent que Jésus a fermé la bouche aux Sadducéens. Alors les Pharisiens se réunissent. L'un d'eux, un maître de la loi, veut tendre un piège à Jésus et il lui demande : « Maître, dans la loi, quel est le commandement le plus important ? » Jésus lui répond : « "Tu dois aimer le Seigneur ton Dieu de tout ton cœur, de tout ton être et de toute ton intelligence." C'est le plus important et le premier des commandements. Et voici le deuxième commandement, qui est aussi important que le premier : "Tu dois aimer ton prochain comme toi-même." Toute la loi de Moïse et tout l'enseignement des prophètes dépendent de ces deux commandements.

Prenons aussi Jean 13, 35, version Louis Segond :

A ceci tous connaîtront que vous êtes mes disciples, si vous avez de l'amour les uns pour les autres.

De cette deuxième lecture, j'aime quand la version Parole de Vie dit : « *Ayez de l'amour les uns pour les autres. Alors tout le monde saura que vous êtes mes disciples* ». Mieux encore, quand Parole Vivante dit : *« La marque par laquelle tous les hommes pourront reconnaître si vous êtes mes vrais disciples, c'est l'amour que vous aurez le uns pour les autres* ». Je me rappelle sitôt de la première épitre de Jean, chapitre 4, versets 20 et 21 : « *Si quelqu'un dit : « J'aime Dieu », et s'il déteste son frère ou sa sœur, c'est un menteur. En effet, celui qui n'aime pas un frère ou une sœur qu'il voit, il ne peut pas aimer Dieu qu'il ne voit pas. Voici le commandement que Dieu nous a donné : celui qui aime Dieu doit aussi aimer son frère et sa sœur* ».

Notez bien, mes frères et sœurs, de tous ces passages, le Seigneur Jésus-Christ et même Jean, nous montrent que « aimer » est la raison essentielle, la motivation indispensable, qui donne la vraie valeur à nos actions, et particulièrement à la pratique de la loi divine et des paroles des prophètes. Comme les Pasteurs, les Prêtres et les Bergers d'aujourd'hui, même à ce temps ancien, les pharisiens et le docteurs de la loi juive avaient changé ce qui devait être un culte raisonnable envers Dieu en un devoir religieux fait de préceptes et commandements humains. Ils avaient annulé la Parole de Dieu au profit de leur tradition.

Ainsi, dans Matthieu 15, 7-8, nous lisons Jésus en ces mots : « *Espèces d'hypocrites ! Comme Esaïe a vu juste ! Il vous a fort bien caractérisés d'avance lorsqu'il disait : « Ce peuple m'honore du bout des lèvres, mais, au fond de son cœur, il est bien loin de moi ! Le culte qu'ils me rendent n'a aucune valeur, car ils prennent pour des dogmes des ordonnances imaginées par les hommes* ». Version Louis Segond : « *Ce peuple m'honore des lèvres, mais son cœur est éloigné de moi* ». Un peu plus loin encore, en Matthieu 23, 4, Parole Vivante, Jésus dit : « *Ils accumulent des prescriptions, ils les lient ensemble et en font des fardeaux pesants, puis ils les chargent sur les épaules des autres ; mais ils ne bougeraient même pas le petit doigt pour les aider à les porter* ».

Comme je le disais tantôt, mes frères et sœurs, les responsables religieux n'ont pas changé. Ils continuent de professer *une religion du devoir* fondée sur la crainte d'un châtiment, la peur de Dieu et surtout sur la pensée du mérite pour gagner les faveurs divines par des œuvres méritoires. Cependant, bien-aimés, Dieu désire que nous le servions et l'honorions pour une raison plus noble : par amour et avec joie. Psaumes 100, 2 nous recommande : « *Servez l'Eternel, avec joie, venez avec allégresse en sa présence !* » En tant que disciple de Jésus, on peut dès lors se poser la question : « *Ma foi consiste-t-elle dans la pratique d'une religion du devoir (tu dois faire, tu ne dois pas faire), ou crée-t-elle une véritable relation d'amour avec Dieu et avec Jésus-Christ ?* »

En revenant en Matthieu 22, 34-40, la Bible nous montre très clairement que Dieu est amour. C'est l'essence même de sa nature divine et tout amour véritable a sa source en Lui. 1 Jean 1, 7 le dit explicitement : « *Dieu est amour* ». Dieu exprime son attente dans ces paroles : « *Tu aimerais le Seigneur ton Dieu ...* » pour confirmer que sa relation avec les êtres humains est fondée sur l'amour. Il faut cependant préciser que cet amour divin va bien au delà de ce que les humains comprennent de ce sentiment.

Le mot grec qui le désigne dans le Nouveau Testament, en particulier dans l'épitre de l'apôtre Jean qui en parle le mieux, est « *agapé* » ; qui est *l'amour qui donne et qui se donne*, dénué d'égoïsme ou d'intérêt personnel. C'est l'amour qui désire le bien ou le bonheur de ceux envers qui il est exprimé, sans rien attendre en retour. C'est l'expression même de la façon dont Dieu nous aime : totalement, parfaitement, infiniment ; l'amour parfait, dénué de tout intérêt personnel et il le manifeste en prenant l'initiative de notre rencontre avec Lui.

Romains 5, 8 : « *Dieu prouve son amour envers nous, en ce que, lorsque nous étions encore des pécheurs, Christ est mort pour nous* ». L'amour de Dieu a été manifesté envers nous en ce que Dieu a envoyé son Fils unique dans le monde, afin que nous vivions par lui. Et, selon 1 Jean 4, 9, cet amour consiste en ce *qu'il nous a aimés le et a envoyé son Fils* comme victime expiatoire pour nos péchés. 1 Jean 4, 16 : « *Et nous, nous avons connu l'amour que Dieu a pour nous, et nous y avons cru. Dieu est amour ; et celui qui demeure dans l'amour demeure en Dieu, et Dieu demeure en lui* ».

Premièrement : *Pourquoi il faut aimer Dieu ?* Je n'oublierai jamais cette question qui m'a été posé un jour, pendant une retraite, par un participant : *Pourquoi dois-je aimer Dieu ?* En premier lieur, les Saintes Ecritures nous répondent et nous facilitent la tâche, 1 Jean 4, 19 : « *Pour nous, nous l'aimons, parce qu'il nous a aimés le premier* ». C'est lorsque nous contemplons l'œuvre de la rédemption en Jésus-Christ à la croix que nous découvrons combien Dieu est amour. Oui, Dieu a tant aimé les hommes qu'il a donné son Fils, son unique, pour qu'aucun de ceux qui se confient en lui ne soit perdu, mais que chacun accède à la vie éternelle. En effet, Dieu n'a pas envoyé son Fils dans le monde pour condamner les hommes, mais pour que le monde soit sauvé par lui. Romains 5, 7-8 dira : « *Il est déjà extraordinaire que quelqu'un donne sa vie pour un homme de bien. Il peut arriver que, pour un bienfaiteur ou pour une cause juste, un homme accepte de braver la mort. Mais le Christ est mort pour nous alors que nous vivions encore en conflit avec lui. N'est-ce pas la meilleure preuve que Dieu nous aime ?* »

Ensuite, nous aimons Dieu pour la beauté de la création. Genèse 1, 31 : « *Dieu vit tout ce qu'il avait fait et voici, cela était très bon. Ainsi, il y eut un soir, et il y eut un matin : ce fut le sixième jour* ». Ce verset clôt le récit de l'œuvre du sixième jour et des six jours. Dieu vit que tout ce qu'il avait fait était très bon, c'était excellent, parfait. Oui, mes frères et sœurs, à la fin de chaque jour, comme après la création de la lumière, il est dit dans la Bible que Dieu vit que cela était bon ; c'est une manière d'attirer notre attention sur l'excellence de chaque œuvre prise à part. Puis, quand Dieu eut tout achevé, il vit que cela était très bon ; c'est-à-dire, parfaitement tel qu'il le fallait et qu'il le voulait. Essayez d'admirer et jugez de vous-mêmes de créatures dans leur beauté : si chaque œuvre de Dieu, une plante, un insecte, une goutte de pluie, … est admirable quand on l'étudie séparément, combien l'ensemble des œuvres de Dieu l'est encore davantage ? Tout cela réuni, mes amis, est beau, excellent, magnifique. Renseignez-vous auprès de scientifiques, plus vous connaîtrez les êtres qui vous entourent et leurs harmonies, plus vous serez pénétrés de cette vérité.

Les biblistes nous enseignent que le récit de la création comporte six fois cette phrase : « *Il y eut soir, et il y eut matin* ». Dans l'histoire de l'humanité, nous pouvons distinguer six soirs, lorsque tout semble perdu par la faute de l'homme et six matins au cours desquels la grâce et la bonté de Dieu font renaître l'espoir, sans compter le matin qui introduira l'état éternel. L'on pourra bien y philosopher, mais voici l'une des conséquences les plus importantes de la doctrine de la création : elle fonde toute responsabilité humaine, parfois sous forme explicite, parfois sous forme implicite. Pourtant, lorsque nous contemplons les œuvres du Dieu unique, tout puissant, plein de sagesse et de perfections face à nos œuvres, nous constatons, avec une certaine honte, que les nôtres sont vraiment mauvaises. Aimons don Dieu et benissons son qaint nom, vu au contraire, que les siennes étaient très bonnes. Elles ont été bonnes car elles furent créées telles que le Créateur l'a désiré. Toutes ses œuvres, en tout lieu, le louent et le bénissent !

Deuxièmement : *Comment doit-on aimer Dieu ?* Je dois mentionner ici qu'il s'agit d'un amour sans partage, un sentiment profond qui nous attache à Dieu entièrement : « *Tu aimeras le Seigneur, ton Dieu, de tout ton cœur, de toute ton âme, de toute ta pensée, et de toute ta force* », nous dit Marc 12, 29. Pourquoi Dieu veut que nous l'aimions de tout notre cœur, quelqu'un me le demandera ? Evidemment, je repondrais, car c'est du cœur que viennent les sources de la vie. Autrément, c'est le cœur qui définit nos priorités et, d'ailleurs, quand on donne son cœur, c'est sa vie qu'on vient de donner. De toute notre âme, parce que l'âme represente notre être psychique, notre vie intérieure, émotionnelle et affective qui produit nos élans ; c'est le reservoir de nos sentiments. De toute notre pensée du fait que c'est dans nos pensées où siège la faculté de réflexion, c'est là où s'ébauchent nos projets et se prennent nos décisions, c'est là où se déterminent nos actions. L'amour que nous avons pour Dieu fera qu'il soit tout le jour l'objet de nos pensées et la priorité de nos choix. Enfin, Dieu veut que je l'aime de toute ma force : il s'agit ici de notre énergie, frères et sœurs, sous entendu tout ce qui contribue à produire ce que nous désirons, à accomplir notre volonté, tout ce qui nous fait agir. Nous pouvons avoir le vouloir, mais il faut la force pour l'action ; ainsi la Parole de Dieu nous recommande dans de nombreux passages : « *Faites tous vos efforts ...* », « *Efforcez vous ...* », « *Mettez en œuvre toute vos forces ...* »

J'aimerais donc nous dire, mes chers frères et sœurs, le véritable amour fait mentir le proverbe du monde « *l'amour est aveugle* » ; le vrai amour connaît le prix des choses, mais il se donne quand même avec joie. C'est comme cette fiancée qui sait très bien les difficultés d'abandonner sa famille, d'être loin de siens, de manquer même peut-être les richesses de ses parents, mais se donne à suivre son mari et s'engage à une nouvelle vie sans regret, c'est un amour conscient de ses limites, qui ne présume pas de ses forces. Et puis, l'objet de notre amour remplit nos pensées, il nous absorbe et nous prend tout entier : aimer Dieu signifie faire de lui la priorité de toutes nos priorités et comme le véritable amour n'est pas platonique, rêveur, seulement désireux de faire, il nous pousse à être actif, entreprenant, persévérant, à le vivre et à le manifester tout autour de nous.

J'attends alors quelqu'un me poser la question : « *Un instant, Pasteur, si tel est cet amour, comment pouvons-nous alors prétendre le vivre sans faillir ?* » Un jour, rappelons-nous, en Jean 21, 15-17, Jésus posa par trois fois la même question à l'apôtre Pierre : « *Simon, fils de Jean, m'aimes-tu plus que ceux-ci ? Oui, Seigneur, répond-il, tu sais bien que je suis ton ami. Jésus lui dit : Sois un berger pour mes agneaux. Puis il lui redemande une deuxième fois : Simon, fils de Jean, m'aimes-tu ? Oui, Seigneur, lui répond Simon. Tu sais que je suis ton ami. Jésus lui dit : Conduis mes petites brebis. Puis, pour la troisième fois, il lui demande : Simon, fils de Jean, es-tu mon ami ? Pierre est peiné de ce que, cette troisième fois, il lui demande : Es-tu mon ami ? Il lui répond : Seigneur, tu sais tout, tu sais que je suis ton ami. Jésus lui dit : Sois un berger pour mes brebis.*»

L'insistance de Jésus mit Pierre mal à l'aise, pourtant Jésus savait que Pierre le suivait, mais il était encore attaché à son égo et à ses activités de mer plus qu'à lui. Jésus parlait à Pierre d'un amour, qui est plus grand que l'affection naturelle, plus grand que l'amitié ou l'amour humain. Il s'agit ici de l'amour qui inspire ceux et celles qui sont nés de Dieu : l'amour qui est de Dieu. C'est l'amour que l'Esprit de Dieu répand dans nos cœurs. Nous ne pouvons pas le produire par nos propre forces, mais nous pouvons y tendre, y aspirer, le demander par la prière ; nous comprenons donc la tristesse du disciple Pierre conscient de sa faiblesse en se remémorant son reniement à trois reprises. Bien-aimés, lorsque nous réfléchissons à l'amour que nous avons pour le Seigneur, nous sommes aussi conscients de nos limites et de nos failles !

1 Jean 4, 19-21 : « *Quant à nous, nous aimons parce que Dieu nous a aimés le premier. Si quelqu'un prétend aimer Dieu tout en détestant son frère, c'est un menteur. Car s'il ne peut pas aimer son frère qui est là sous ses yeux, il ne saurait aimer Dieu qu'il ne voit pas. D'ailleurs, le Christ lui-même nous a donné ce commandement : que celui qui aime Dieu aime aussi son frère.* » 1 Jean 5, 2-3 : « *Nous connaissons que nous aimons les enfants de Dieu, lorsque nous aimons Dieu, et que nous pratiquons ses commandements. Car l'amour de Dieu consiste à garder ses commandements. Et ses commandements ne sont pas pénibles...* »

Parlons également de l'amour du prochain. *C'est quoi l'amour du prochain, en effet ?* Je n'oublierai jamais : après avoir été abandonné par mon ex, j'ai commis vraiment de bêtises en publiant et en commentant de choses que je ne devais pas ! Petit à petit, en voulant me recupérer et me sauver de ma haine, Dieu commencait à m'enseigner sur l'amour du prochain. Je me suis vraiment posé la question que Dieu m'obligea de me retirer un peu … C'est pendant cette retraite spirituelle que Dieu m'a enseigné sur Matthieu 7, 12 : « *Tout ce que vous voulez que les hommes fassent pour vous, faites-le de même pour eux.* » La Bible dit que c'est cela qui résume tout l'enseignement de la Loi et des prophètes.

Ecoutez, mes chers frères et sœurs, la Bible ne nous dit pas que nous devons faire pour les autres tout ce qu'ils veulent, mais que ce que nous voudrions qu'ils nous fassent si nous étions placés dans leur condition, et eux dans la nôtre. Le lien entre le verset 12 et ce qui précède dans ce chapitre semble être celui-ci : puisque notre Père nous accorde de bonnes choses, imitons-le en faisant preuve de bonté envers les autres. Dans son école de discipolat, Dieu m'a enseigné que pour savoir si nous agissons bien envers notre prochain, demandons-nous si nous aimerions qu'il agisse de même envers nous.

Cette « règle d'or » que nous lisons en Matthieu 7, 12 a été édictée au moins un siècle avant cette parole de Christ dans les enseignements de divers sages : Socrate parmi les Grecs, Boudha et Confucius parmi les Orientaux, et Hillel parmi les Juifs. Mais, curieusement, remarquez que ces autres enseignants ne s'élèvent pas au standard de ce que donne Christ ici : alors que leur maxime est sous la forme négative et passive : « *Ne fait pas aux autres ce que tu ne voudrais pas que l'on te fasse* » ; en l'exprimant d'une manière positive, Jésus va au-delà de ce qu'il convient de ne pas faire, du fait que NE PAS faire est une règle aussi valable que FAIRE. Mais, Jésus ouvre un horizon beaucoup plus vaste, le champ de tout le bien possible. Et donc, quelle que soit les situations difficiles qui nous créent de problèmes avec notre prochain, la foi chrétienne ne recommande pas seulement de s'abstenir du mal, mais elle encourage encore et encore à faire le bien.

Et qui est mon prochain, cher Pasteur ? En Luc 10, la Bible nous parle d'un docteur de la Loi qui posa à Jésus cette question pour l'embarrasser : « Maître, lui dit-il, qu'est-ce que je dois faire pour être sûr d'obtenir la vie éternelle ? » Comme c'était un rabbin, un théologien de son temps, Jésus le rencontre dans le terrain de l'université et lui demande : « Qu'est-ce qui est écrit dans notre Loi ? Que dit-elle à ce sujet ? Ou comment la comprends-tu ? » Avec souplesse, notre docteur répond : « La loi nous dit : Aime le Seigneur ton Dieu, de tout ton cœur, de toute ton âme, de toute ta force et de toute ta pensée et aime ton prochain comme toi-même. » « Excellente réponse, lui dit Jésus, fais cela et tu auras la vie ».

Mais le docteur de la Loi, voulant montrer qu'il connaissait et que sa question était justifiée, il répliqua : « Oui, mais qui donc est mon prochain ? » Pour répondre à cette question, Jésus lui raconte l'histoire d'un homme, un Juif, qui descendait de Jérusalem à Jéricho, quand il fut attaqué par des brigands. A l'époque de Jésus, la descente de Jérusalem à Jéricho, environ 1000 mètres sur trente-cinq kilomètres, était permanente. La route était sombre, montagneuse, donc dangereuse, et avec tellement de voleurs, que les voyageurs ne s'y engageaient pas sans une garde. Comme notre voyageur a hasardé, ce qui devait arriver arriva : ils rencontra de bandits qui le dépouillèrent non seulement de ses vêtements, mais de tout ce qu'il possédait ; ils l'ont laissé étourdi, en sang, inconscient, presque mort.

Il se trouva qu'un pasteur allant à la prière à sa paroisse descendit par le même chemin : il voit cet homme, passe de l'autre côté de la route et s'éloigne. Après lui, un autre ministre de Dieu arriva, lui aussi, au même endroit ; il s'approche, voit le blessé, puis prend l'autre côté de la route et s'éloigne. Un sacrificateur, un prêtre, un pasteur ou un ministre de Dieu se devait d'être un saint homme. La loi lui commandait miséricorde et secours à son prochain ; et donc ces deux personnes n'ont pas tenu compte de la loi, en passant devant le pauvre homme dans sa souffrance. Mais un Samaritain … Le Samaritain cest l'ennemi héréditaire des Juifs ; il est méprisé et haï par ces derniers. Si quelqu'un pouvait avoir une excuse pour ne pas porter assistance au Juif blessé, c'était bien le Samaritain.

Mais, au contraire du sacrificateur et du Lévite, un Samaritain fut ému de compassion envers ce Juif à l'agonie. Sa compassion le conduit à l'action, au reniement de soi-même, et aux inconvénients qu'il pourrait en retirer. Il nettoie les plaies, le met dans sa voiture, le transporte vers un hôtel du quartier et, quand il est obligé de partir, il laisse de l'argent pour les soins à donner et il promet plus à son retour. Et Jésus demanda alors au docteur en théologie : « A ton avis, lequel des trois s'est montré le prochain de l'homme qui fut victime des brigands ? » Lorsquue ce dernier repond que c'est celui qui a eu pitié de lui, il comprend alors que l'étranger est devenu le prochain. Ainsi, bien-aimés, en dépit de nos divergences, nous sommes les prochains de tous ceux qui ont besoin d'aide : l'amour chrétien ne peut être limité par la race, le genre ou les petits problèmes comme les guerres et les séparations du passé. La véritable philanthropie est celle d'un esprit chrétien.

En voyant comment évolue la situation dans nos églises, surtout davant ceux qui se disent disciples de Christ, l'on pourra bien se le demander : *Où est alors parti l'amour du prochain au milieu de nous ?* Quand nous voyons de chrétiens qui sont jaloux de la réussite des autres chrétiens, qui sont prêts à mentir, à trahir leurs coéquipiers, d'« évangélistes et pasteurs » qui sont prêts à toucher même les grigris pour détruire ceux qui semblent émerger qu'eux, de querelleurs qui divisent tout par esprit de fanatisme. Mes frères et sœurs, n'avez-vous pas encore compris ce que les Saintes Ecritures disent de la marche chrétienne ? Ne savez-vous pas que nous qui œuvrons au service divin, nous ne sommes que des collaborateurs de Dieu, qu'entre celui qui plante et celui qui arrose, il n'y a pas de différence ? D'où viennent alors les disputes rami nous ? D'où viennent les luttes et les querelles ?

Je dis ce que je sais car, au-delà de meilleurs amis chrétiens que le Seigneur m'a donné, je passé par de moments compliqués aux côtés des « imposteurs chrétiens » ! Je pensais que j'étais le seul, mais je me suis rendu compte que c'est beaucoup de gens qui saignent et souffrent en silence. Que de blessures aujourd'hui dans nos ministères qu'on y reste parfois juste parce qu'on sait qu'on a été appelé par Dieu ! Mes frères et sœurs, comment peut-on servir Dieu avec autant de méchanceté ? Que ce qui se passe avec les hommes et les femmes de Dieu dans cette Communauté ? Pourquoi quand on nous voit ailleurs, nous sommes une bénédiction à protéger ; mais quand nous arrivons à la CBCA, nous sommes une peste à éviter ?

Frères et sœurs, pourquoi vous vous contentez de détruire vos champions ; alors que vous savez très bien qu'ils sont moins nombreux ? Pourquoi vous le faites alors que vous savez très bien que vous ne prendrez pas leur place ? Mes amis, je vous supplie : arrêtez de tuer ceux qui font la fierté de notre Communauté ! Aimons-nous vivants ! Le peu de jeunes talentueux ou de serviteurs et servantes de Dieu sérieux que nous avons, aimons-les, bénissons-le, disons du bien à leur faveur, prions pour eux ! Que le Diable ne se serve pas de moi ! Que le Diable ne se serve pas de vous ! Ne détruisez pas l'église corps du Christ, mes frères et sœurs !

Cela pourra choquer ceux qui se sentent toujours visés par la vérité, mes amis, mais personnellement, je n'encourage pas cette église de des incompétents qui se lèvent un matin et commencent à critiquer les autres juste pour se faire remarquer. Que cela me créé des ennuis, je n'encourage pas cette église où quelqu'un se lève un matin et calomnie son frère ou sa sœur juste pour se faire remarquer. Non, mes amis, je ne suis pas pour cette Communauté de dirigeants qui se croient au-dessus de tout et de tous, se lèvent et commencent à taper sur celui qui les contredit et qui, pourtant est en train de bien faire son travail et accomplit dignement sa vocation. Que cela vous plaise ou non, je n'accepte pas vivre dans la CBCA injuste qui favorise les incompétents parce qu'ils sont fils de tel, moins encore dans la CBCA du menteur, du voleur, du corrompu.

Au travers cette séance de discipolat, j'aimerais vous parler de la Communauté Baptiste au Centre de l'Afrique de mes rêves. Et la Communauté Baptiste au Centre de l'Afrique de mes rêves, c'est celle des compétences : des hommes et femmes qu'il faut à la place qu'il faut ! La Communauté Baptiste au Centre de l'Afrique de mes rêves, c'est celle où les gens peuvent réussir leur vie dignement sans être inquiéter de leur origine familiale ou de la peur de dire ce qu'ils pensent et comme ils le pensent ! La Communauté Baptiste au Centre de l'Afrique de mes rêves, c'est celle où on voit des hommes et des femmes de Dieu qui se lèvent, dans nos ministères et nos chorales, et cherchent la face de Dieu, celle où même la personne « la moins valorisée » de l'église, autant que le pasteur, fasse de miracles et donne au monde une image positive de l'église de Jésus-Christ sur la terre.

Mes amis en Christ, au nom de l'amour de Dieu et de l'amour du prochain, est-ce qu'on peut croire encore à cela ? Est-ce qu'on peut encore s'aimer et marcher ensemble ? Est-ce qu'on peut encore demander à Dieu de nous apprendre à l'aimer et de nous donner l'amour du prochain ? « *Ce que vous voulez que les hommes fassent pour vous, faites-le de même pour eux* » ! Romains 13, 10 nous dit que « *quand on aime, on ne fait aucun mal à son prochain. Par conséquent, aimer, c'est obéir parfaitement à la loi* ».

Parlant de conditions et mode de vie d'un disciple, en Matthieu 5, 38 à 48, Jésus nous donne cet enseignement : « *Vous avez appris qu'on a dit : "Œil pour œil et dent pour dent." Mais moi, je vous dis : si quelqu'un vous fait du mal, ne vous vengez pas. Au contraire, si quelqu'un te frappe sur la joue droite, tends-lui aussi l'autre joue. Si quelqu'un veut te conduire au tribunal pour prendre ta chemise, laisse-lui aussi ton vêtement. Si quelqu'un te force à faire un kilomètre à pied, fais-en deux avec lui. Quand on te demande quelque chose, donne-le. Quand on veut t'emprunter quelque chose, ne tourne pas le dos. Vous avez appris qu'on a dit : "Tu dois aimer ton prochain et détester ton ennemi." Mais moi, je vous dis : aimez vos ennemis. Priez pour ceux qui vous font souffrir. Alors vous serez vraiment les enfants de votre Père qui est dans les cieux. En effet, il fait lever son soleil sur les méchants et sur les bons. Il fait tomber la pluie sur ceux qui se conduisent bien et sur ceux qui se conduisent mal. Si vous aimez seulement ceux qui vous aiment, quelle récompense est-ce que Dieu va vous donner ? Même les employés des impôts font la même chose que vous ! Et si vous saluez seulement vos frères et vos sœurs, qu'est-ce que vous faites d'extraordinaire ?*

Même les gens qui ne connaissent pas Dieu font la même chose que vous ! Soyez donc parfaits, comme votre Père des cieux est parfait ! ».

1 Jean 4, 20 : « *Si quelqu'un dit : J'aime Dieu, et qu'il haïsse son frère, c'est un menteur ; car celui qui n'aime pas son frère qu'il voit, comment peut-il aimer Dieu qu'il ne voit pas ?* »

Jean 13, 34-35 : « *Je vous donne une directive nouvelle : Aimez-vous les uns les autres. Oui, tel est mon commandement : Comme je vous ai aimés, aimez-vous les uns les autres. La marque par laquelle tous les hommes pourront reconnaître si vous êtes mes vrais disciples, c'est l'amour que vous aurez le uns pour les autres* ».

* * *

Jour 05 : COMMENT FORMER DES DISCIPLES DE JESUS-CHRIST ?

En venant à lui, vous aussi, vous êtes devenus des « pierres vivantes ». Edifiez-vous mutuellement pour former un Temple spirituel. Vous y constituerez un groupe de prêtres mis à part pour Dieu, à qui vous offrirez des sacrifices spirituels qui lui sont agréables, parce qu'ils lui sont présentés par Jésus-Christ. (1 Pierre 2, 5 ; PVV).

Alors il appela les douze, et il commença à les envoyer deux à deux, en leur donnant pouvoir sur les esprits impurs. Il leur prescrivit de ne rien prendre pour le voyage, si ce n'est un bâton ; de n'avoir ni pain, ni sac, ni monnaie dans la ceinture ; de chausser des sandales, et de ne pas revêtir deux tuniques. Puis il leur dit : Dans quelque maison que vous entriez, restez-y jusqu'à ce que vous partiez de ce lieu. Et, s'il y a quelque part des gens qui ne vous reçoivent ni ne vous écoutent, retirez-vous de là, et secouez la poussière de vos pieds, afin que cela leur serve de témoignage. Ils partirent, et ils prêchèrent la repentance. Ils chassaient beaucoup de démons, et ils oignaient d'huile beaucoup de malades et les guérissaient. (Marc 6, 7-14 ; LSG).

Selon cette première lecture, Pierre nous renseigne qu'en Christ, nous sommes devenus des pierres vivantes pour former pour former une maison spirituelle, un temple spirituel ; autrement dit nous formerons une communauté de saints pour offrir des sacrifices selon l'Esprit de Dieu. Si l'affirmation de Pierre était vraie aujourd'hui, les croyants sont joints à Jésus-Christ en tant qu'éléments d'une structure spirituelle dont lui est la pièce maîtresse. Ils deviennent ainsi participants de la nature divine. Tous ceux qui viennent à Jésus en tant que pécheurs et qui implorent sa grâce, sont sauvés et intégrés d'office à l'édifice de Dieu qui est l'Église universelle.

Dans ce temple spirituel qui est la communauté chrétienne mondiale, les croyants sont comme les prêtres de l'Ancien Testament, ils n'ont pas besoin de médiateurs autres que Jésus pour s'approcher directement de Dieu et lui offrir des sacrifices, sauf qu'au lieu d'animaux, ils offrent des sacrifices spirituels qui sont : la prière, la louange, les bonnes actions, et la consécration de leurs corps et de leur esprit au service de Dieu. Mais après avoir rendu des actions de grâces et dit sa reconnaissance à Dieu, le croyant est aussi tenu d'intercéder pour lui-même et pour les autres.

En ces jours, il y a certes de lieux où c'est le cas, mais le plus souvent nos églises ne sont pas une maison spirituelle, c'est juste un tas de briques sans forme ni lien. En construction, on appelle *second œuvre* tout travail qui a pour objectif de rendre habitable la maison en apportant aux occupants un confort de vie optimal ; c'est par exemple la plomberie, l'électricité, la ventilation, … tandis que *le gros œuvre* c'est l'ensemble de travaux qui contribuent à la solidité et à la stabilité d'une maison ; ici, nous pouvons citer le terrassement, les fondations, l'élévation des murs, la charpente et les toits. Pour une bonne construction, la procédure reste la même ! Vous ne pouvez pas prétendre être un bon architecte quand vous commencez par l'électricité avant que les murs ne s'élèvent !

Curieusement, en ce qui revient d'être et faire les disciples, la différence est énorme entre nous aujourd'hui et les premiers élèves de Jésus : comme chaque membre d'une église locale est une brique, au lieu de penser d'abord aux éléments fondamentaux du discipolat, nous nous dépensons beaucoup pour accumuler de plus en plus de briques plutôt que de commencer la construction avec les briques présentes en attendant celles qui s'ajouteront. En somme, comme je le disais ci-haut, nos églises ne deviennent pas une maison spirituelle selon le vœu de Dieu, mais juste un tas de briques sans forme ni lien.

Pourtant, mes frères et sœurs, n'oubliez pas qu'il y a, en effet, un problème avec des briques simplement entreposées : si elles ne s'abîment pas, on peut les voler. Raison pour laquelle, voyez de vous-mêmes, nos pasteurs, nos présidents de commissions et nos guides spirituels sont toujours agités pour veiller à ce que personne du groupe ne s'en va ou qu'un leader d'une autre église ne vienne voler des briques pour aller faire son propre chantier. Bizarrement, nous qui nous disons chrétiens, nous passons tout notre temps à nous surveiller les uns les autres.

Nous avons tellement peur que quelqu'un s'échappe et dans notre « vigilance », nous oublions tous ceux qui ne sont pas sauvés et qui grelottent de froid, à la recherche d'une maison spirituelle, un temple spirituel, une communauté de saints ou un bâtiment chaud où ils puissent trouver un accueil.

Eglise Corps du Christ, mes frères et sœurs, arrêtons tout ce qui nous divise et que tout ce qui nous unit croisse ! Nous sommes les briques de Dieu, nous avons été mis en place dans Son bâtiment de manière à pouvoir nous supporter les uns les autres. N'oublions jamais quelles sont les briques placées en-dessous de nous, au même niveau que nous et au-dessus de nous et voyons comment s'établissent nos rapports mutuels. Bien-aimés, si votre pasteur ou votre mentor spirituel essaye de vous prendre en main pour vous poser à votre place dans la construction, pourquoi vous résistez ? J'ai entendu des chrétiens dire fièrement : « *Je ne reçois ordre d'aucun homme, j'obéis à Jésus et à Jésus seul* ». Cela a une résonance très pieuse, mais en réalité, c'est une grave erreur. Cela veut dire que la personne veut faire sa propre volonté, elle ne sait pas ce que veut dire suivre le Christ. L'église ne doit pas être dirigée démocratiquement, ici c'est la mouvance du Saint-Esprit qui doit régner ; d'où l'importance du consistoire avec ses anciens de l'Eglise. Malheur, s'ils ne sont pas inspirés de Dieu !

Dans le deuxième texte que nous avons lu, Marc décrit le premier envoi en mission des douze disciples tout seuls, ils étaient alors devenus un groupe reconnu comme investi d'une mission divine. Marc précise que Jésus les envoya deux à deux pour nous rappeler que, dans la formation de disciples, chaque fois que c'est possible, il est bon que les prédicateurs et autres serviteurs de Dieu travaillent en équipe. La forme du verbe grec indique que Jésus avait d'abord désigné chaque paire de disciples avant de les envoyer comme ses représentants. Les disciples pouvaient ainsi s'apporter aide réciproque et encouragements, et ils se conformaient par ailleurs à l'exigence légale pour l'authentification d'un témoignage. De cette expérience, les disciples apprendront deux choses : 1) la soumission stricte à l'exigence du Maître, 2) savoir que même si Jésus n'était pas avec eux, ils avaient son autorité sur les mauvais esprits et sur toutes sortes de maladies.

Dans la formation de disciples, je me reprends donc, l'église n'est pas un royaume démocratique, tout doit partir de l'inspiration Saint-Esprit ; alors la vraie, j'insiste. Sous l'inspiration du Saint-Esprit, Paul nous montre que le seul modèle de formation de disciples se résume en un seul acte : être d'abord soi-même un disciple. En 1 Corinthiens 11, 1, Paul dit :

« *Soyez mes imitateurs, comme je le suis moi-même de Christ* ». La version PDV le dit comme suit : « *Imitez-moi, comme moi j'imite le Christ* ». J'ajoute également la version PVV : « *Suivez donc mon exemple, comme moi, de mon côté, je suis celui que le Christ nous a laissé* ». Les autres méthodes, quoi qu'ayant l'apparence pieuse, ne sont que poudre de perlimpinpin !

Dans la formation de disciple, tout se passe par l'exemple ! Nous, les ministres de Dieu (pasteurs, anciens, diacres, choristes, chefs de départements et sous services, ...) d'aujourd'hui, nous voulons donner une leçon de discipolat que nous n'avons pas encore nous-mêmes bien comprise ! Pour l'Eglise primitive, il y a Jésus qui est notre modèle par excellence, les pères spirituels ou mentors viennent après et les disciples suivent. Sommes-nous, de ce fait, prêts à dire comme l'Apôtre Paul : « *Suivez mon exemple, comme moi, de mon côté, je suis celui que le Christ nous a laissé* » ? Si nous avons de réticences à dire cela, soyons francs, mes amis, c'est tout simplement parce que nous savons que nous ne vivons pas comme nous le devrions.

C'est alors que nos guides spirituels disent : « *Ne regardez pas à moi, frère ou sœur, suivez la Bible, suivez Jésus tout simplement* ». C'est très bien de présenter le Christ aux gens plutôt que nous mais, bien-aimés, que ce qui se cache derrière cette « humilité » apparente ? Voulez-vous savoir ce qu'en fait cela veut dire aux disciples qui nous écoutent et nous regardent de loin ? Le message est clair : « *Mon fils ou ma fille dans la foi, j'ai beau essayé, mais ça n'a pas marché ; à toi aussi d'essayer, nous verrons tous ce que cela va donner !* » Dans ces conditions, mes amis, il n'y a pas lieu de s'étonner que les laïques et les païens soient découragés. Si notre pasteur ou notre chef de département n'arrive pas à obéir à la Bible et à croire aux enseignements, qui d'autre donc le pourra !

Paul n'avait pas peur d'être un modèle. Il a pu dire aux Philippiens (4, 9) : « *Ce que vous avez appris, reçu et entendu, et ce que vous avez vu en moi, pratiquez-le !* ». Les Philippiens devaient suivre la vérité divine qui leur avait été annoncée, de même que son incarnation dans la vie de Paul ; il retourne vers son propre exemple, le meilleur enseignement qui soit, et il leur demande de faire non seulement ce qu'il leur a dit, mais aussi ce qu'ils ont vu dans sa propre vie. Ce n'est pas très démocratique, certes, mais cela permet la construction d'un édifice solide. Dans la formation de disciples, la démocratie n'est pas toujours efficace : il faut imposer ce que moi j'appelle *l'ordre de multiplication*.

Je vais vous dire de quoi il s'agit. Ma grand-mère paternelle, *Tate Maria*, est morte l'année passée[1] à l'âge de 119 ans. L'une de ses plus grandes bénédictions, elle a vu quelques-uns de ses arrière-arrière-petits-enfants. Parmi ses 5 enfants, il y a 3 pasteurs, parmi ses petits-enfants, il y a des ingénieurs en bâtiment, en agronomie, de docteurs en théologie, ... et parmi ses arrière-petits-enfants il y a des médecins, des juristes, des ingénieurs, et j'en passe ! Réfléchissons ensemble : Si un journaliste venait lui demander quelque jour avant sa mort comment avait-elle fait pour réussir à élever une si grande famille, avec toutes ces personnes bien instruites, bien nourries, bien habillées, bien éduquées ; elle répondrait : « *Ce n'est pas moi. Moi je me suis occupée de mes cinq enfants et chacun d'eux a fait autant de ses enfants et ainsi de suite ; juste en faisant comme moi !* ».

Vous voyez ! C'est comme ça que l'ordre de multiplication marche ! On ne force personne, on ne fait qu'imiter le bon exemple de celui qui nous a précédés et ça marche de soi ! Le problème, dans la formation de disciples de nos églises, nous n'avons pas encore ce système d'ordre de multiplication ; c'est qui cause un problème très sérieux au discipolat chrétien. Le pauvre pasteur doit s'occuper de tout le monde, et c'est là le vrai problème de la formation. Avant d'aller de gauche à droite, rassurez-vous que nous avons commencé par l'essentiel et faisons de disciples capables à leur tour de faire de nouveaux disciples. Quand je forme de disciples, je leur dis toujours : « Je suis votre père, pas votre directeur d'orphelinat ! Si vous ne voulez pas grandir, en moment donné, je vous chasserez de ma maison pour que vous fassiez face à vos responsabilités de maturité ! ».

Même Jésus a procédé ainsi, mes amis. N'était-Il pas le meilleur pasteur qui ait jamais vécu ? Pourtant il ne s'occupa avec concentration que de douze hommes, parmi 70, parmi 120, parmi la multitude. J'aime quand la Bible me dit, en Matthieu 9, 36 : « *A la vue des foules, il en eut compassion, car elles étaient lassées et abattues comme des brebis qui n'ont pas de berger* ». Pourquoi est-il si triste alors qu'il est le Bon Berger ? C'est clair, frères et sœurs : un berger ne peut pas s'occuper d'un nombre illimité de brebis ; pas même Jésus. Sous la direction du Saint-Esprit, j'ai créé le ministère Mission d'Impact, qui a actuellement plus de 5 000 ministres de Dieu dans le monde, mais je ne *coache* pas plus de 10 disciples au même moment. Chaque fois qu'un onzième veut s'ajouter, je vois si le premier est l'âge de maturité et de s'envoler de ses propres ailes, je le laisse partir et je récupère le nouveau. C'est comme ça que ça marche depuis maintenant plus de 5 ans. Si Jésus ne pouvait pas faire plus de douze

[1] 2019

disciples à la fois, comment pourrais-je espérer y parvenir moi ? Et Jésus, les incorporait très bien à l'édifice ; c'est pourquoi quand Il s'en alla, les disciples savaient très bien ce qu'ils devaient faire : *aller faire de disciples d'autres hommes et femmes, tout comme Jésus l'avait fait avec eux.*

La Bible dit, remarquez : *Ils partirent, et ils prêchèrent la repentance* ... Ici les disciples se mettent donc à l'œuvre et commencent à enseigner et à partager leur message *de maison en maison,* par petites unités donc. Nous le faisions avant mais, ces jours-ci, il y a un problème très sérieux de ce côté-là … Quand je vois notre méthode d'enseignement et de formation de disciples aujourd'hui, c'est comme si nous rassemblons tout le monde le dimanche dans la salle à manger de l'orphelinat et nous disons : « *Tout le monde, ouvre la bouche ! Voici ta nourriture* » et nous balançons cette nourriture à la ronde jusqu'à ce que nous disons à la fin : « *Au revoir, chers amis. Vous êtes libérés de la faim, jusqu'au dimanche prochain !* ». Mais non, mes frères et sœurs, le discipolat ne doit pas se passer de cette manière ! Je vais vous dire comment ça se passe !

Au-delà de l'ordre et du modèle, pour nourrir les enfants ou les bébés pourquoi pas, il faut le prendre chacun dans nos bras, *un par un*, et lui mettre le biberon dans la bouche. J'ai un fils, je sais de quoi je parle : c'est à mesure qu'il grandit qu'il pourra progressivement se nourrir lui-même et, enfin, viendra le jour où il pourra même nous aider à préparer la nourriture des plus jeunes de la famille ; donc sa place familiale évolue avec sa croissance. Voilà ce qu'est le ministère de l'édification, de la construction : en aucun cas, il ne s'agit de rester dans le simple gardiennage, mais plutôt de transformer la vie de gens pour qu'ils transforment à leur tour la vie des autres.

La Bible nous appelle à former un temple spirituel mais, bien entendu, dans la formation des disciples, il est nécessaire de se demander avec clarté et précision ce que l'on veut construire. Un attroupement ? Une organisation lucrative ? Une dénomination ? Appeler les gens pour remplir le Ministère ? C'est ce que j'ai moi-même fait pendant longtemps et j'étais très fier de ce que mon groupe de disciples était en train de bâtir au début, jusqu'au jour où j'ai compris ce que Paul nous avertit dans Ephésiens 4, 12 : nous devons travailler *en vue de l'édification du corps de Christ !* Depuis lors, ma vision de discipolat n'est plus minimaliste, même avec mon groupe de dix, je vise l'Eglise Corps du Christ tout entière. C'est impossible de bien bâtir quelque chose que nous ne comprenons pas.

Imprimer de livres pour le discipolat c'est une œuvre à louer, mais je pense que nos églises, au lieu de bâtir leurs propres dénominations et programmes aux critiques des autres parties du corps, feraient mieux d'avoir une pensée sur le Corps entier qui est Christ. Si vous voyez un homme se coupant le pied avec un couteau et qui vous dit que c'est parce que ce pied a marché sur l'autre, vous vous diriez sans doute que ce pauvre homme est un vrai fou. Oui, il est complétement idiot du fait qu'il n'a pas le discernement pour voir que les deux pieds appartiennent au même corps. Il arrive parfois, quand vous mangez, que vos dents mordent votre langue, mais vous n'arrachez pas pour autant toutes vos dents ! Pourquoi alors notre vision minimaliste de la mission nous pousse à un discipolat aux résultats limités ?

En ce qui revient de la formation de disciples, mon message est clair pour l'Eglise Corps du Christ : il faut absolument que nous comprenions ce qu'est le Corps de Christ. Il faut que nous cessions de parler de mal les uns contre les autres. Avec de « fidèles » qui calomnient aujourd'hui les pasteurs ou relaient tout ce qui se trament en vrai ou en faux sur de réseaux sociaux contre les serviteurs et servantes de Dieu, il n'est pas étonnant que l'église soit faible et exsangue. Je ne condamne pas trop les gens qui ont tué le corps physique de Christ, je parle de Ponce Pilate, de soldats romains et de prêtres juifs, au moins eux, ils avaient un but. De plus, même si ce qu'ils ont fait étaient effectivement terrible, il en résulta quand même l'expiation de nos péchés par Jésus. Mais, je n'ai jamais cessé de me demander, quel est notre but, mes amis, quand nous persécutons le corps spirituel de Christ ? Quelle est la raison pour laquelle nous crucifions, blessons et divisons ce Corps ? Nous n'en avons aucune, et notre châtiment pour cela sera pire que celui de Pilate ou de Judas.

Lisons Romains 12, 4-5. La Bible dit : « *Ainsi, nous qui sommes plusieurs, nous formons un seul corps en Christ et nous sommes tous membres les uns des autres* ». C'est quoi un membre d'église chez nous, en ces jours ? J'ai parcouru différentes confessions, toutes semblent avoir ces trois conditions : (1) Est reconnu comme membre, toute personne qui fréquente les réunions. (2) Est reconnu comme membre, toute personne donne sa dîme ou son argent comme offrande. Enfin, (3), est reconnu comme membre, toute personne qui a une conduite intègre. Si donc la personne répond à ces trois conditions, elle est d'office considérée comme un bon membre de l'église. Dites-moi alors, selon vous, en quoi cette personne est-elle différente d'un bon membre d'un club quelconque du quartier : elle le fréquente, elle paye sa cotisation et essaie de ne pas créer de problèmes, non !

Quand nous nous lisons dans les Evangiles et les Actes des Apôtres, nous ne trouvons le mot *membre* nulle part. Cependant, en lisant les Actes, nous trouvons plusieurs fois le mot « disciple ». Nous avons vu c'est qu'un disciple, je n'y reviendrais pas, mais j'insiste sur le fait que cela ne ressemble en rien à un membre d'église. Un disciple est quelqu'un qui apprend à vivre la vie que vit son maître et peu à peu, il enseigne à d'autres à vivre la vie qu'il vit lui-même. Etre disciple n'est donc pas recevoir une communication de connaissances ou d'informations, c'est aussi et surtout être une communication de vie. Voilà pourquoi Jésus a dit un jour : « *Les paroles que je vous ai dites sont Esprit et vie.* »

Etre disciple c'est bien plus que d'apprendre le savoir du maître, c'est plutôt apprendre à être ce qu'il est. Voilà pourquoi la Bible dit que nous devons faire de nations les disciples, pas les membres ou les sympathisants. Mes frères et sœurs, c'est bien plus que de simplement parler aux gens, les gagner à l'Evangile ou les instruire ; faire un disciple signifie *créer un duplicata.* Si quelqu'un reste avec moi pendant une semaine et qu'il me dise à la fin : « *Pasteur Soleil, je veux suivre vos enseignements ; et donc enseignez-moi quelque chose !* », je lui répondrais avec certitude : « *Vous avez été avec moi pendant une semaine ; si vous n'avez rien appris pendant ce moment, je ne vois pas ce que je peux de plus vous enseigner !* ».

Etre et faire des disciples n'est pas qu'une question de paroles, c'est aussi et surtout une question de vie. J'aime bien les trois dimensions de l'enseignement dans notre discipolat, à savoir *la révélation*, *la formation* et *l'information*, mais je pense qu'il y a de choses à nous dire ici. La révélation c'est tout ce que Dieu peut apporter dans la vie du disciple, *la formation* regorge tout ce que le disciple apprend du mentor et *l'information* c'est l'ensemble des renseignements qui tendent à prouver que Dieu et le mentor n'ont pas tort. Cette dernière est une bonne chose mais, malheureusement, dans notre formation, nous en avons fait un but en soi; c'est curieux que Jésus n'a presque jamais employé cette méthode que nous chérissons tant et y passons beaucoup de notre temps.

Lisez toute la Bible, vous serez surpris : vous ne verrez nulle part Jésus donner une étude biblique, un cours de théologie ou un séminaire de 40 jours à ses disciples pour les expliquer le but de Dieu pour les hommes. Dans sa formation de disciples, Jésus n'avait pas de temps à perdre, il a fait que sa vie à elle seule suffit pour qu'il soit lui-même une étude biblique, un cours de théologie et un séminaire à ceux qui le côtoyaient et voulaient comprendre le plan de Dieu. Voilà pourquoi son message était simple, clair et concret : sa vie était son message ! Et nous par contre, dans la formation des disciples, au lieu d'être tout simplement de modèle de l'amour de Dieu et de l'amour du prochain, nous compliquons les choses : nous disons qu'un bon disciple est celui qui doit d'abord mémoriser beaucoup de versets de la Bible ! Mais, dites donc, où avons-nous tiré ces choses ?

Avec notre interprétation des Ecritures ces derniers temps, j'ai comme une petite idée que lorsque nous arriverons au ciel, Paul et d'autres auteurs de la Bible vont attraper certains de nous, prédicateurs et évangélistes, et nous dire : « *Venez donc par ici un moment, cher ami, j'ai deux mots à vous dire : jamais je n'ai écrit ce que vous m'avez fait dire ce jour-là dans votre sermon !* » Nous aimons impressionner les gens par la quantité d'informations que nous connaissons au sujet du texte biblique ; nous croyons être « profonds », mais y a-t-il quelqu'un qui comprend vraiment ce que nous disons si nous ne voulons pas le vivre ? Nous sommes intéressés par l'information alors que Jésus était intéressé par la formation. Nous avons donc besoin d'apprendre de lui comment il formait les disciples ; et je vais finir par là.

Comment enfin Jésus formait ses disciples ? Matthieu 10, 6-8 nous renseigne davantage : « *Allez plutôt vers les brebis perdues de la maison d'Israël. Allez, prêchez, et dites : Le royaume des cieux est proche. Guérissez les malades, ressuscitez les morts, purifiez les lépreux, chassez les démons. Vous avez reçu gratuitement, donnez gratuitement. Jésus avait la bonne méthode pour la formation de disciples* ». De ce texte, j'apprends de choses que je dois vous partager :

- ✓ Dans sa formation de disciples, notre Seigneur Jésus-Christ donnait à ses disciples des choses à faire au lieu de choses à emmagasiner dans leur cerveau. Et eux n'avaient qu'à lui obéir.

- ✓ Jésus n'avait pas besoin de prêcher des sermons passionnés pour motiver ses disciples. Ce n'était pas nécessaire pour lui étant donné qu'il savait que de sermons passionnés et motivants sont pour les gens désobéissants qui ont besoin d'être stimulés ou qu'on joue sur leurs émotions pour qu'ils puissent sentir combien ça sera une bonne affaire si l'envie leur prenait de faire ce que Jésus a commandé ! Quant aux disciples, dès que le Maître parle, ils n'ont qu'à obéir !

- ✓ Si nous acceptons la seigneurie de Jésus-Christ, il lui suffit de dire un mot, et nous n'aurions pas besoin que nos pasteurs s'époumonent pour que nous fassions le discipolat, nous ferons ce que Jésus notre Seigneur nous dit de faire sans même oser discuter.

- ✓ Un maître ou un mentor ne négocie pas ses disciples quand il s'agit de leur formation spirituelle. Jésus n'a pas dit à ses disciples : « *Voudriez-vous aller prêcher, mes chers amis ? Auriez-vous du temps pour ça demain ou la semaine prochaine ?* » Non. Il leur ordonna et ils obéirent.

Voilà, en gros, comment sont formés les disciples. Si nous voulons spirituellement former des vies comme Jésus l'a fait, *il nous faut cesser d'être des orateurs et commencer à être des pères*. Les orateurs n'ont que des auditeurs, tandis que les pères ont des enfants. Et les enfants n'apprennent pas en écoutant seulement, mais ils apprennent surtout en obéissant. Que se passe-t-il en, effet, quand un orateur fini de parler ? Les auditeurs disent : « *Merci beaucoup, c'était un excellent sermon* ». C'est ce que nous faisons chaque dimanche, vous voyez ? Mais, est-ce que c'est tout ? Un jour, quand les soixante-dix revinrent à Jésus après avoir obéi à ses ordres, ils racontèrent que les démons s'étaient soumis à eux. Jésus n'a pas dit : « *Oh, c'est très bien d'avoir fait ce que je vous avais commandé* ». Non, lisez Luc 10, 20, il avait aussitôt donné un avertissement sous forme d'ordre : « *Ne vous réjouissez pas de ce que les démons vous ont obéi, mais réjouissez-vous de ce que vos noms sont inscrits dans les cieux* ».

Un peu avant cela, quand Jacques et Jean voulaient faire descendre le feu sur les Samaritains hostiles, la Bible dit sans équivoque que Jésus « *se tourna vers eux et les reprit sévèrement* » (Luc 9, 55). Il en train de les former. Quand, en Matthieu 16, 23, Pierre objecta à l'idée de la crucifixion, Jésus lui dit : « *Arrière de moi, Satan! Tu es pour moi un scandale !* ». Pouvez-vous imaginer un pasteur de notre Communauté disant quelque chose de pareil à ses ouailles ? Que cela nous plaise ou non, *la réprimande fait partie du processus de formation du disciple*.

Je dis donc, en finissant, *il n'y a pas de formation de disciple sans soumission*. Les membres ou les adhérents ne se soumettent pas ; c'est même le contraire : ils veulent que leur pasteur se soumette à eux, parce que c'est eux qui ont la loi et la voix de la majorité dans l'organisation ou le club. Ecoutez, mes amis, la seule condition qui peut me permettre de former la vie de mon fils Eden est qu'il me soit soumis. Supposons que chaque fois que je le reprends, il s'enfuit vers un autre père et lui dit : « *Je ne veux plus être l'enfant de Soleil Balerwa ; je veux être ton enfant* ». Et supposons que cet homme réponde : « *Oh, sois le bienvenu, mon fils, entre donc !* » A la prochaine, je me verrais dans l'obligation de ne plus le corriger parce qu'évidemment je ne veux pas le perdre.

Dans nos églises actuelles, le pasteur a difficile à former des vies parce que s'il devient un peu dur avec un de ses enfants, celui-ci fuit vers une autre famille et c'est sa famille qui perd. J'aime mon fils, et je le corrige parce que je suis certain qu'il va rester chez moi, quoi qu'il advienne. Il est soumis. Dans l'évangile du Royaume, bien-aimés, c'est le bras qui dirige les doigts et non l'inverse. Hébreux 13,17 dit, rappelez-vous : « *Obéissez à vos conducteurs et soyez-leur soumis. Car ils veillent au bien de vos âmes, dont ils devront rendre compte* ». Paul dit à Tite (2, 15): « *Dis ces choses, encourage et reprends avec une pleine autorité. Que personne ne te méprise.* »

Nous, pasteurs, devons d'abord parler à nos enfants de la chair ou de la foi. S'ils n'obéissent pas, nous devons les exhorter. Si rien ne se passe encore, nous devons les reprendre avec une pleine autorité. Autrement nous aurons des enfants gâtés. Supposons que je forme mon fils selon la méthode en vigueur dans l'église de ce siècle : il faudra le négocier pour qu'il se lave, pour qu'il soit poli, pour qu'il aille à l'école, … A ce que je sache, ce n'est pas ainsi qu'on forme des vies. En tout cas, ce n'est pas ainsi que maman et papa on fait pour me former ; ils m'ont donné des ordres et j'ai obéi. Maintenant je me lave, je respecte autrui et je réponds à mes responsabilités sans qu'ils aient besoin de me surveiller.

Enfin, retenez mes frères et sœurs, dans la formation de disciple, *il n'y a pas d'exigence de soumission sans la vie de soumission.* La personne qui donne des ordres à ses disciples doit elle-même être sous les ordres de quelqu'un d'autre. Il n'y a pas de soumission à un certain niveau, s'il n'y a pas de soumission à tous les niveaux. Je le dis à mes amis de Mission d'Impact : *avoir de l'autorité signifie être soi-même sous une autorité.* Nous perdons, en effet, notre autorité dès que nous rejetons l'autorité qui est au-dessus de nous. Et nous dépendons directement de Christ, indirectement d'un de ses serviteurs qu'il a prédisposé pour nous booster.

L'ennui avec nous c'est que dans l'église nous voulons avoir l'autorité tout en restant indépendants. Cela est impossible. Bien-aimés, vous ne pouvez être indépendants et en même temps avoir de l'autorité. Si vous voulez avoir le droit de diriger d'autres, vous devez être vous-mêmes sous la direction d'autres. C'est une loi immuable de Dieu. Cela est très important. La formation exige non seulement la soumission mais aussi l'inter soumission. Que le Seigneur nous soit tous agréable !

* * *

Deux personnes peuvent nous aider dans la lecture de Jour Matthieu 9, 16-17 et Marc 7, 5-13 ? Je parle aujourd'hui d'un thème que j'ai intitulé : ALLEZ AU DELA DE TRADITIONS : CONDITION SINE QUA NON POUR UN DISCIPOLAT REUSSI.

Marc 7, 5-13 : « *Et les pharisiens et les scribes lui demandèrent: Pourquoi tes disciples ne suivent–ils pas la tradition des anciens, mais prennent–ils leurs repas avec des mains impures? Jésus leur répondit: Hypocrites, Esaïe a bien prophétisé sur vous, ainsi qu'il est écrit: Ce peuple m'honore des lèvres, Mais son cœur est éloigné de moi. C'est en vain qu'ils m'honorent, en donnant des préceptes qui sont des commandements d'hommes. Vous abandonnez le commandement de Dieu, et vous observez la tradition des hommes. Il leur dit encore: Vous anéantissez fort bien le commandement de Dieu, pour garder votre tradition. Car Moïse a dit: Honore ton père et ta mère; et: Celui qui maudira son père ou sa mère sera puni de mort. Mais vous, vous dites: Si un homme dit à son père ou à sa mère: Ce dont j'aurais pu t'assister est corban, c'est-à-dire, une offrande à Dieu, vous ne le laissez plus rien faire pour son père ou pour sa mère, annulant ainsi la parole de Dieu par votre tradition, que vous avez établie. Et vous faites beaucoup d'autres choses semblables.* ».

Matthieu 9, 16-17 : « *Personne ne met un morceau de tissu neuf sur un vieux vêtement. Sinon, le morceau neuf arrache une partie du vieux vêtement, et le trou dans le vieux vêtement est encore plus grand ! Personne ne met du vin nouveau dans de vieilles outres, sinon, les outres éclatent, le vin coule par terre et les outres sont abîmées. Mais on met du vin nouveau dans des outres neuves. Ainsi le vin et les outres se conservent bien.* ».

Remarquez déjà qu'à l'époque du Seigneur Jésus, mes frères et sœurs, les chefs religieux avaient remplacé beaucoup de paroles du Seigneur par leurs traditions humaines. Du verset 5 au huitième, Jésus met en évidence l'hypocrisie spirituelle des Juifs : ils affichaient une grande dévotion extérieure au Seigneur, mais intérieurement, ils étaient corrompus. En respectant leurs rites compliqués, ils prétendaient adorer Dieu, mais ils avaient remplacé les doctrines de la Bible par leurs propres traditions. Au lieu de reconnaître la Parole de Dieu comme unique autorité en matière de foi et de conduite, par leur tradition, ils annulaient ou vidaient de leur sens les commandements limpides de l'Ecriture.

Nous pouvons définir les « traditions humaines » comme un ensemble de doctrines, de coutumes, de pratiques et d'enseignements qui ne sont pas contenus directement dans la révélation de la Parole de Dieu, mais qui ont peu à peu été mis sur le même plan que la Bible, ou qui ont même carrément remplacer l'enseignement de la Bible. Pour bien les expliquer leur hypocrisie, Jésus donne un seul exemple de leur tradition qui a anéanti le commandement de Dieu : l'un des Dix Commandements exigeait que les enfants doivent honorer leurs parents, ce qui comprenait bien évidemment, le devoir de prendre soin d'eux en cas de besoin. Pour dénoter combien cela était important aux yeux de Dieu, Jésus rappelle que la peine de mort était prononcée sur quiconque maudissait son père ou sa mère. Mais les Juifs disaient que si vous offrez un sacrifice à Dieu, ce n'est plus important de traiter vos parents avec amour, respect, révérence et dignité, et les aider financièrement.

Les Juifs avaient inventé une tradition connue sous le nom hébreu *qorbân*, ce qui signifie « donné » ou « consacré ». Et cette tradition consistait de mettre de côté une certaine somme d'argent pour Dieu ou pour le temple, une somme qu'on ne donnait pas à Dieu de son vivant, mais qui lui juste quelques à la mort de son propriétaire. Supposons alors qu'un parent juif se soit trouvé dans le besoin, et que son enfant, bien qu'ayant les moyens de l'assister, n'ait pas voulu le faire ; il lui suffisait de prononcer le mot « *Qorbân* » et, pour les chefs religieux juifs, cela le dégageait de toute responsabilité à l'égard de ses parents. De cette manière, ces hypocrites conservaient leurs biens et leur argent pour leur usage personnel et n'avaient pas besoin de venir en aide à leurs parents. Voici donc des hommes et de femmes qui, sous couvert de religion, violaient le commandement de Dieu. Jésus considérait ici la tradition du « *qorbân* » non seulement comme un tort causé à ses parents, mais aussi comme un acte caractérisé de rébellion contre les commandements de Dieu.

Ecoutez, bien-aimés, même si la Parole de Dieu est puissante, nos traditions humaines peuvent l'anéantir. Anéantir c'est détruire au point qu'il ne reste plus rien, c'est annuler qui signifie, à son tour, priver d'autorité ou rendre caduque. Et, Satan sait très bien de quelle façon il peut anéantir ou annuler la Parole de Dieu dans le chef des enfants de Dieu : au lieu de les conduire dans de situations où ils détecteront sa ruse comme dans des endroits suspects comme de bistrots, cabarets, ou buvettes,... il les incite à construire tout un système de traditions religieuses, qui aura toute l'apparence de la piété, mais sans en avoir la puissance.

Je vais bien m'expliquer ! Une tradition humaine ou une habitude n'est pas forcément mauvaise en soi ; elle peut ne pas être un péché. Par contre, elle devient mauvaise lorsqu'elle restreint la liberté de l'Esprit et ne sert qu'à donner l'impression de la piété alors qu'il n'en est pas, lorsqu'elle se transforme en rite religieux intouchable, et surtout lorsqu'elle finit par résister à l'action de l'Esprit et par se substituer à la Parole de Dieu. Une tradition, pour être acceptable, doit nous permettre de mieux comprendre la Parole du Seigneur, et doit lui rester entièrement fidèle et soumise.

Pour un discipolat réussi, allez au-delà de traditions ! C'est la condition qui est absolument indispensable, c'est la condition sans quoi le discipolat ne peut même avoir raison d'être. Dans cette leçon, mon but n'est pas de vous faire un catalogue détaillé de toutes les traditions humaines dans notre Communauté ou dans nos églises, du fait qu'il y en a trop, mais j'aimerais simplement rappeler que, pour un discipolat réussi, il est essentiel que nous soyons conscients de ces traditions, nous en débarrasser une à une et faire notre mission au modèle du Seigneur.

Avant d'initier Mission d'Impact Internationale, j'œuvrais comme tout évangéliste de la paroisse de notre église ; et dans notre Communauté, j'étais fier d'appartenir et de servir au Département de la Jeunesse jusqu'à ce jour où le Seigneur commençait à me mettre en cœur ce projet. Et Dieu m'avait vraiment bouleversé lorsqu'il m'a montré pour la première fois combien nous étions encore de bébés dans l'Eglise Corps du Christ. Chaque fois que je prêchais, par exemple, il y avait de convertis, surtout les femmes qui après me parlaient de leurs petits problèmes financiers. A ce temps, avec une forte équipe de jeunes intercesseurs et évangélistes de la paroisse, je travaillais dans un autre programme où, chaque dimanche, on allait prier pour les malades dans différents hôpitaux de la ville. Curieusement, tous les jours, pendant l'évaluation, un seul point revenait : au-delà de nos prédications et de nos prières, ces gens ont aussi besoin de l'argent ou du matériel.

C'est là que Dieu me révéla que le social peut mieux jouer le rôle de la prédication et de la prière, car il cachait en lui l'amour ! C'était une nécessité d'aller au-delà de traditions de l'église, d'être dégouté de la routine et d'ajouter le social à notre programme spirituel dans les hôpitaux. Un certain samedi, j'ai dit aux amis : « *Je viens d'élaborer un programme : à partir de demain, nous prêchons, nous prions et nous offrons à ces gens ce dont ils ont socialement besoin !* ». La majorité des amis n'était pas d'accord, pas qu'ils ne voulaient pas, juste parce qu'ils trouvaient que c'est très tôt ! Je sentais combien ça brulait en moi, j'ai donné le peu que j'avais pour ce dimanche ; la suite et jusqu'aujourd'hui, c'est le groupe lui-même qui s'en occupe qu'aujourd'hui ils en ont fait une branche de Mission d'Impact.

Je vais vous dire un élément très important : jamais vous n'aurez des idées de changer les mentalités et tout le monde vous suit. Au début, très honnêtement, je ne savais pas par où commencer. Mes premiers « opposants », excusez-moi du terme, c'étaient certains pasteurs de ma Communauté ! Chaque fois que je passais pour intéresser les membres de leurs paroisses, ils entêtaient leurs consistoires et diabolisaient ce programme. C'était aussi bon et avantageux de leur part, je bénis le Seigneur, car c'est en effet de leur rejet que je me suis refugié dans la vie de l'intimité avec Dieu. Je priais tellement à propos que, dans une retraite, le Seigneur me révéla la mission très clairement dans une retraite : « *Je t'ai appelé dans la CBCA, mais tu n'appartiens pas seulement à la CBCA ! J'ai un projet avec toi ; tu n'iras pas selon toi mais selon moi !* »

Le passage que Dieu imprima en mon cœur était celui de Josué 1, 5 : « *Nul ne tiendra devant toi, tant que tu vivras. Je serai avec toi, comme j'ai été avec Moïse ; je ne te délaisserai point, je ne t'abandonnerai point* ». L'envoyé de Dieu me l'avait lu ce jour-là dans la version Parole De Vie : « *Pendant toute ta vie, personne ne pourra te résister. Je serai avec toi comme j'ai été avec Moïse. Je ne te laisserai pas, je ne t'abandonnerai pas* ». Ceci pour dire que dans le discipolat, chers amis, vous devez retenir que la vision est une chose et la mission en est une autre. *La vision* c'est ce que Dieu vous montre de manière surnaturelle à l'esprit ou aux yeux du corps tandis que *la mission* c'est une charge que Dieu vous donne pour aller accomplir quelque chose.

Si je peux revenir sur mon cas, comme vision, j'ai compris que je devrais monter une équipe d'hommes et de femmes, majoritairement jeunes, mais qui ont la même soif d'impacter le monde comme moi. Quand j'ai lancé le mouvement, j'étais seul avec mes deux disciples ; une année après, nous sommes passés de 3 à 169 membres et ainsi de suite jusqu'à atteindre ces milliers de personnes de par le monde. Pour sortir de la routine d'autres ministères, c'est ici même que Dieu nous a révélé la mission de Mission d'Impact pour le discipolat. Pendant une année, les 169 personnes attendaient tout de moi : j'étais leur mentor, je devais les enseigner, ils suivaient mon exemple en tant que disciples. Mais, ça me fatiguait ; en un moment donné, je me suis rendu compte que ce n'était pas facile de gérer toutes ces personnes et leurs problèmes du quotidien.

Deux ans après, Dieu a révélé à notre Commission d'Intercession qu'il nous fallait aller au-delà de nos traditions et de prérequis d'autres ministères et confessions religieuses. Sous l'impulsion du Saint-Esprit, avec cette même commission, Dieu nous a donné certaines conditions que nous devrions scrupuleusement respectées :

⇨ Premièrement, notre devoir c'était de regarder dans tout Mission d'Impact, sans préjugé ni agitation ou esprit de parti : *Qui étaient les mentors ?* ou *Qui devaient encore apprendre ?*

⇨ Chaque mentor était responsable de la formation de ses disciples, et aucun de mentors ne pouvait avoir plus de 10 disciples sous sa tutelle.

⇨ *La formation individuelle et obligatoire*, sous la supervision d'un mentor pour chaque membre du groupe, suivant un calendrier précis était alors de mise : avec nos modules d'orientation, le mentor devait s'assurer que chacun de ses disciples fait de la méditation biblique, de la lecture de la parole de Dieu, de la vie de dépendance à Dieu au travers la prière une mode de vie.

⇨ S'ensuivait après l'étape de *la Cellule d'Impact* : chez nous, ce programme a deux rôles : 1) Réunir le mentor et ses disciples obligatoirement une fois par semaine pour discuter d'un sujet sur l'amour de Dieu ou l'amour du prochain. 2) Allez faire des disciples : chaque disciples doit s'assurer évangéliser au moins 2 personnes par semaines un mature dans la foi qui épaule la mission et un nouveau converti qui devient le disciple du disciple.

Cette méthode peut vous aider efficacement à accroître les fidèles costauds, même dans vos églises. Voici notre cas :

☝ De la constitution de *Groupes de Discipolat* :

- Nous nous sommes réunis pour la première fois en 169 personnes et nous avons demandé à tous les membres du groupe : *Choisissez, parmi nous, dix personnes qui peuvent être de mentors pour notre foi*. Les dix choisis sont passés devant.

- Nous avons demandé aux dix de choisir à leur tour leurs adjoints. Suivant le choix du mentor, dix autres sont passés devant.

- Il était maintenant question aux mentors et à leurs adjoints de se concerter pour qu'ils choisissent, à tour de rôle, leurs 10 co-équipiers ou disciples. Ainsi les équipes de discipolat étaient déjà faits.

- Aux mentors, il était recommandé de s'engager à prendre certaines mesures qui pourront leur assurer que chaque jour que leurs disciples font la méditation personnelle de la parole de Dieu. Par exemple, en leur rendant visite, en leur rappelant par SMS, en partageant de moments avec eux, ou en leur demandant s'ils peuvent partager via messages de réseaux sociaux leurs bénédictions, actions de grâce ou sujets de prière,...

✌ De la constitution de *Cellules d'Impact* :

- En collaboration avec leurs disciples, les mentors choisissent un jour de rencontre pour la réunion hebdomadaire. C'est une réunion d'affermissement, mais aussi de séance sur la réflexion de l'évolution de Mission d'Impact Internationale.

- Les bénédictions, suggestions, propositions ou décisions évoquées dans les réunions de la cellule sont directement conduites vers le cadre de la Cellule d'Impact qui se réunit à la fin de chaque mois.

Nous nous sommes mis aussitôt au travail et, avec cette méthode, mes frères et sœurs, au bout de trois mois seulement d'organisation, nous sommes passés de 169 à 600 membres environ. Nous avions quintuplé aussi rapidement ! Je me rappelle, quand pour la première fois j'ai présenté ce rapport dans notre première Assemblée Générale, ça nous a fait sursauter de joie, nous étions tous fiers d'avoir abattu un aussi extraordinaire travail.

Tout fonctionnait très bien, jusqu'au moment où paradoxalement, deux ans après, quelque part au fond de moi, je commençais à sentir quelque chose qui ne tournait pas tout à fait rond. Cela finit par m'inquiéter. Le Saint Esprit commença à me parler : « *Solly, tu es fier de ton travail, ton groupe évolue très bien, mais ce que tu as là n'est pas un ministère chrétien, c'est juste une entreprise comme toute autre entreprise : vous ne grandissez pas ! Vous croyez grandir parce que vous êtes passés de 169 à 600, de 600 à 1300, de 1300 à 2000; mais vous ne grandissez pas, vous ne faites que grossir. Tout ce que vous avez est un nombre plus grand de gens, mais de la même qualité qu'auparavant. Personne ne mûrit ; le niveau reste le même. Avant vous aviez près de 200 bébés spirituels ; maintenant, vous avez près de 2000* ».

Et, c'était vrai, je ne pouvais pas le nier. Comme je devais toujours intervenir à chaque question compliquée, c'était comme si j'avais un orphelinat au lieu d'un ministère chrétien. Je l'ai expliqué aux autres leaders qui ont tous étaient d'accord, nous avons en conséquence revisité notre compréhension ministérielle de la croissance spirituelle, de mentors surtout : Dieu nous a tous enseigné la réalité, selon laquelle, nous ne pouvons plus prier, parler, se comporter, et vivre la même dimension que nos disciples. C'est de là qu'est venu notre deuxième programme de l'Ecole de Ministères : *Aspirer à la grandeur de la connaissance de Dieu*.

Pensez-vous que ce n'est pas important, mes amis ? Supposons que je parle encore à ma femme comme je lui ai parlé quand nous nous sommes connus pour la première fois. Elle va terriblement s'étonner, ou bien même se moquer de moi, du fait qu'en ces jours, notre dialogue a grandi bien au-delà de cette première étape. Dans nos églises, frères et sœurs, vous devez le savoir, les nouveaux croyants s'embêtent. Tous les dimanches, c'est la même chose en effet : les mêmes récitations de prières, les mêmes chants qui ne montent pas en dimension, les mêmes prédications sans maturité, ... On dirait le dialogue de mentors avec Dieu ne s'approfondit jamais. Le lait est bon pour un temps, mais vient vite le moment où l'enfant a besoin d'une nourriture plus solide.

Une autre preuve de cet état de choses c'est *les divisions dans l'Eglise Corps du Christ*. Paul a bien dit aux Corinthiens que leur attachement à Pierre, à Apollos et à lui-même était un signe de leur enfance spirituelle. Pourtant remarquez chers amis, contrairement à nous aujourd'hui, les Corinthiens ne se battaient pas entre eux ; alors qu'ils étaient simplement attachés à différents prédicateurs, ils restaient au moins dans une même église. En dépit de cela, Paul fustige leur comportement et les traite de bébés spirituels. Nous, par contre, nous n'arrivons même pas à faire cela : nous disons appartenir à l'Eglise Corps du Christ, mais nous sommes fermés sur nos communautés, nous parlons mal les uns contre les autres. Si les Corinthiens étaient des bébés en Christ, alors nous, qui serons-nous devant Paul ? De fœtus ? Des avortons ? Comparativement à eux, nous ne sommes pas peut-être même encore nés spirituellement !

Une troisième preuve qui montre que les mentors doivent aujourd'hui aspirer à la grandeur de la connaissance de Dieu : *nous sommes toujours plus intéressés par ce que nous pouvons recevoir que par ce que nous pouvons donner.* Alors que nous nous disons diriger les autres, curieusement, nous sommes exactement comme des petits enfants. Nous voulons sans cesse que le Seigneur nous aide, qu'il fasse ceci ou cela pour nous, qu'il nous donne la santé, le bonheur, ou l'argent ..., sans même penser à ce que nous lui devons en retour ! Vous le savez mieux que moi, bien-aimés, nous ne cessons pas de mendier dans nos prières : « *Bon Dieu, s'il te plaît, donne-moi ceci, donne-moi cela* » ; pourtant, celui qui a atteint une certaine maturité sait donner que de demander sans cesse. Savoir donner est l'une de caractéristiques d'un adulte.

Nous avons également *le manque d'ouvriers dans nos églises.* Je ne parviens pas à le comprendre, mais la réalité c'est que nous avons de personnes chrétiennes depuis dix ou vingt ans qui sont toujours incapables de tenir de leur force dans le ministère et même de conduire quelqu'un à Christ. Le grand exploit que cette catégorie de personnes peut faire c'est d'inviter quelqu'un à une réunion, c'est tout, rien de plus ! Et voyez bien ces gens, si la personne est d'accord, ils se tapent la poitrine et pensent avoir accomplir leur devoir chrétien. La conséquence à cela est que le pasteur doit conduire la personne à Christ, la baptiser, l'affermir et désormais s'occuper spirituellement d'elle. C'est quelle église des gamins dans la foi !

Pour un discipolat réussi, allez au-delà de la « titromanie chrétienne ». La course aux titres ecclésiastiques pollue les églises et les ministères. Dans la Bible, nous trouvons les fonctions et services, pas des titres. Et les fonctions répertoriées sont apôtres, prophètes, évangélistes, pasteurs, prêtres ou bergers, docteurs, diacres, évêques (ou bishop en anglais) et anciens. D'autres ne sont qu'adaptations et de fois aberrations.

Dans nos cellules, on a chacun son titre à l'église, son rang social, ou son âge,… on se respecte mutuellement, mais chacun accepte de laisser son titre, son grade ou sa position sociale à côté pour devenir « *frère* » ou « *sœur* » uniquement. Lorsque nous faisons partie d'une Communauté, qui que nous soyons socialement, tout en s'orientant, nous devons accepter de travailler en disciples sous la conduite d'une personne qui peut être même le moins âgé, le moins titré, ou le moins friqué. Bien que nos églises soient toujours malades de cette recherche de reconnaissance de titres et de galons, je crois que par la grâce de Dieu, nous pouvons y arriver.

Pour un discipolat réussi, allez au-delà de la structure normale. Il y a quelques mois de cela, je n'oublierai jamais combien j'étais aux anges le jour où on m'a dit que ma femme allait bientôt donner naissance de notre premier fils, Éden. Pour Sa layette, avec sa maman Hope, nous allions dans les meilleurs magasins pour bébés en vue d'acheter les habits les plus chers, selon notre capacité. Et, c'est vrai, qu'est-ce qu'il était bien dedans après sa naissance ! J'étais fier de moi quand je voyais mon fils, mon tout premier né, choyé dans ces beaux accoutrements. Cependant, juste deux mois après, avec sa maman, nous n'étions plus tous contents quand nous nous sommes aperçus qu'Éden ne pouvait plus rentrer dans la plupart de ses jolis habits, il avait grandi et il nous fallait en acheter d'autres. Aujourd'hui, bien sûr, nous sommes plus avertis qu'à la prochaine, nous serons très prudents, nous achèterons la layette la plus stylée mais la moins chère qui soit.

C'est exactement la même chose avec toutes les structures dans nos églises : elles nous rendent de bons services tant que tout reste pareil, mais quand nous grandissons spirituellement, nous comprenons si vite qu'elles ne nous valent plus. Ce fut ainsi dans Mission d'Impact : plus nous grandissions dans la vie de disciple, plus nous découvrions que nos structures empêchaient le nouveau courant de l'Esprit, non pas parce que les structures étaient mauvaises, nous ne les méprisions pas, mais juste du fait nous avons reconnu qu'elles n'étaient plus à notre taille et qu'il fallait aller au-delà de nos traditions et vivre sous la mouvance spirituelle tout en gardant l'unité du corps du Christ.

Pour un discipolat réussi, allez au-delà de la routine. Ici, Dieu nous avait montré très clairement que nous avions besoin de changement de mentalité et de cœur, si nous voulions vraiment avoir de résultats escomptés. La routine représente cette habitude d'agir ou de penser toujours de la même manière avec quelque chose de mécanique et d'irréfléchi, c'est le train-train, la constance et la régularité. Bien-aimés, on ne met pas un morceau de tissu neuf sur un vieux vêtement, nous dit la Bible, on ne met pas du vin nouveau dans de vieilles outres ; les conducteurs responsables ne doivent pas s'offusquer quand nous parlons du changement : accepter le changement veut dire tout simplement que nous sommes en train de grandir et c'est bon signe.

Si nous sommes capables de vivre pendant des années et des années dans les mêmes choses spirituelles, dans les mêmes réalités, le même décor, la même ambiance, la même manifestation et donc dans la même routine, cela est bien une preuve que nous ne grandissons pas.

* * *

Aujourd'hui, j'aimerai parler du CONTENU DU MESSAGE D'UN DISCIPLE DE JESUS-CHRIST. Nous lisons la Bible, d'abord dans Jean 1, 39-42 :*Venez, leur dit-il, et voyez. Ils allèrent, et ils virent où il demeurait ; et ils restèrent auprès de lui ce jour-là. C'était environ la dixième heure. André, frère de Simon Pierre, était l'un des deux qui avaient entendu les paroles de Jean, et qui avaient suivi Jésus. Ce fut lui qui rencontra le premier son frère Simon, et il lui dit : Nous avons trouvé le Messie ce qui signifie Christ. Et il le conduisit vers Jésus. Jésus, l'ayant regardé, dit : Tu es Simon, fils de Jonas ; tu seras appelé Céphas ce qui signifie Pierre.*

Ensuite, Actes 2 ; 14, 37-38 et 41 : *Alors Pierre, se présentant avec les onze, éleva la voix, et leur parla en ces termes : Hommes Juifs, et vous tous qui séjournez à Jérusalem, sachez ceci, et prêtez l'oreille à mes paroles ! ... Que toute la maison d'Israël sache donc avec certitude que Dieu a fait Seigneur et Christ ce Jésus que vous avez crucifié. Après avoir entendu ce discours, ils eurent le cœur vivement touché, et ils dirent à Pierre et aux autres apôtres : Hommes frères, que ferons-nous ? Pierre leur dit : Repentez-vous, et que chacun de vous soit baptisé au nom de Jésus-Christ, pour le pardon de vos péchés ; et vous recevrez le don du Saint-Esprit ... Ceux qui acceptèrent sa parole furent baptisés ; et, en ce jour-là, le nombre des disciples s'augmenta d'environ trois mille âmes.*

Enfin, Romains 10, 13-15 : *Car quiconque invoquera le nom du Seigneur sera sauvé. Comment donc invoqueront-ils celui en qui ils n'ont pas cru ? Et comment croiront-ils en celui dont ils n'ont pas entendu parler ? Et comment en entendront-ils parler, s'il n'y a personne qui prêche ? Et comment y aura-t-il des prédicateurs, s'ils ne sont pas envoyés ? selon qu'il est écrit : Qu'ils sont beaux Les pieds de ceux qui annoncent la paix, De ceux qui annoncent de bonnes nouvelles !*

J'aime lire la Bible, je la lis beaucoup, un peu plus que c'est devenu obsessionnel pour moi ... Cependant, je dois vous avouer un truc un peu particulier, chaque fois que je lis les passages bibliques sur l'évangélisation, jamais je ne reste le même. Il y a toujours des enseignements, quelque chose de nouveau qui m'interpelle ! Comme vous le savez, par exemple, ces derniers temps, pour annoncer la Bonne Nouvelle de Jésus-Christ, nous avons plusieurs méthodes, des moyens qui ne sont pas du tout mauvais mais, reconnaissons-le, qui produisent peu. Et cela, contrairement à la méthode de Jésus et à celle des apôtres, que nous allons étudier aujourd'hui, qui est facile à utiliser, mais très productive pour changer des vies.

Jean, Pierre, tout comme Paul, au travers ces portions de Saintes Ecritures, nous montrent que l'approche de disciples, apprise auprès de Jésus lui-même, est un peu différente de la nôtre aujourd'hui : contrairement à nous qui aimons beaucoup tourner en rond, eux ils allaient tout droit au but. Ils pouvaient tous le dire différemment mais, de Jésus aux disciples, tous n'avaient qu'un seul message, le message bien paraphrasé par Jean le Baptiste : « *Repentez-vous, et croyez !* »

Remarquez, mes frères et sœurs, c'est ça le message central de l'Évangile, la bonne nouvelle : *venez*, leur disait Jésus dans l'Evangile de Jean, *et voyez*. Quand nous lisons très bien cette partie de la Bible, nous sommes en face de deux disciples qui veulent savoir où habite Jésus. Ici Jésus montra son intérêt en se tournant vers les deux disciples et en leur demandant : « *Que désirez-vous ?* » Il connaissait bien évidemment la réponse à cette question car il sait toutes choses, mais il désirait les entendre exprimer leur désir. J'aime leur réponse : « *Rabbi, où habites-tu ?* » Ceci indique qu'ils souhaitaient demeurer avec le Seigneur et mieux le connaître. Autrement dit, rencontrer seulement Christ ne leur suffisait pas : ils voulaient être en communion avec lui. Rabbi est le mot hébreu pour Maître, qui peut être littéralement traduit par « *mon grand* ».

Ecoutez, frères et sœurs, le *venez et voyez* de Jésus est toujours d'actualité aujourd'hui. Nous devons d'abord venir à Jésus avant de voir où Jésus demeure et aussi qui il est. Jean précise qu'il était 16 heures et essaie continuellement de structurer son récit autour de renseignements temporels pour signaler qu'il était lui-même témoin oculaire de ces événements. Jean montre qu'il a vécu avec Jésus une première rencontre si bouleversante qu'il se souvenait même de l'heure exacte où il le vit pour la première fois. Ces hommes n'avaient jamais reçu pareil honneur, car ils savaient qu'ils passaient la nuit dans le même endroit que le Créateur de l'univers ! Ils furent parmi les premiers membres de la nation juive à reconnaître le Messie.

Le récit nous montre donc André qui va aller chercher son frère Simon. Mais Simon, comme c'est bien visible dans plusieurs autres récits de la Bible, était un faible, impétueux oui, mais indiscipliné. Comme beaucoup d'entre nous, Simon avait tendance à parler avant de penser. Jésus lui dira plus tard : *on t'appellera Céphas*, ce qui veut dire en substance qu'il deviendra solide comme le roc. C'est en effet lui qui, le jour de la Pentecôte, se lève pour donner la première prédication publique après la résurrection, et quel sermon mon Dieu ! Magistral ! Ce discours est prononcé le jour de la Pentecôte, mais ce jour-là plusieurs événements ont lieu à Jérusalem où sont rassemblés de nombreux Juifs du monde entier : de signes typiques de la présence divine, le vent et le feu, caractérisé par le fait d'annoncer dans les langues des auditeurs « les choses magnifiques de Dieu », selon Actes 2, 11.

Imaginez la scène : c'est le disciple qui avait renié son Seigneur avec serments et imprécations qui s'avance maintenant pour s'adresser à la foule. Rempli du Saint-Esprit, c'est un courage de lion qui a désormais remplacé cette timidité et son indécision du passé. J'aime la Pentecôte, du fait qu'elle est à l'origine de la transformation de la vie de croyants. Pierre est maintenant rempli du Saint-Esprit. Tout d'abord, Pierre explique que les événements inhabituels de ce jour ne provenaient nullement du l'ivrognerie. Après tout, il était seulement 9 heures, presque impensable que tant de monde soit ivre déjà ce matin. La véritable explication résidait dans l'effusion du Saint-Esprit, comme cela a été dit par le prophète Joël, au chapitre 2, 28. Pierre conclut la citation de Joël avec la promesse que : *quiconque invoquera le nom du Seigneur sera sauvé* ! Je crois que c'est la bonne nouvelle pour toutes les époques : le salut est offert à tous sur le principe de la foi au Seigneur. Bien-aimés, le nom du Seigneur est une expression qui inclut tout ce qu'est le Seigneur. Ainsi, invoquer son nom signifie invoquer le Seigneur comme l'unique objet digne de foi et comme le seul et unique moyen de salut.

Pierre annonce ensuite la nouvelle stupéfiante que ce Jésus qu'ils ont crucifié est à la fois Seigneur et Christ. Il le fait en parlant d'abord de la vie de Jésus, puis de sa mort, de sa résurrection, de son ascension, et enfin de sa glorification à la droite de Dieu le Père. S'ils s'imaginaient que Jésus était encore dans un tombeau de Judée, Pierre n'allait pas tarder à briser leurs illusions ! Ils devaient entendre que Celui qu'ils avaient assassiné était désormais au ciel, et qu'ils devaient compter avec lui. Méprisé à l'époque, méconnu dans nos pays, la connaissance de Jésus relève de la foi : qu'est-il pour nos contemporains aujourd'hui ? Un sage parmi d'autres ou celui qui appelle tous les hommes à « la repentance envers Dieu et la foi en notre Seigneur Jésus Christ » ?

Voici l'argument de l'apôtre : il montre que les nombreux miracles accomplis par la puissance de Dieu ont attesté que Jésus de Nazareth était un homme envoyé de Dieu. Selon le dessein arrêté et la prescience de Dieu, Jésus a été livré par Dieu entre les mains des Juifs. Puis à leur tour, les Juifs l'ont livré aux païens qui sont des hommes ignorant la loi divine qui l'ont crucifié et l'ont fait mourir. Cependant, Dieu l'a ressuscité en le délivrant des liens de la mort. Savez-vous pourquoi il n'était pas possible que la mort le garde prisonnier ? Pour deux grandes raisons : Premièrement, le caractère de Dieu exigeait sa résurrection. Jésus était mort, sans péché pour des pécheurs. Dieu devait le ressusciter des morts pour montrer qu'Il était pleinement satisfait de l'œuvre rédemptrice de Christ. En deuxième lieu, les prophéties de l'Ancien Testament exigeaient sa résurrection. C'est le point précis sur lequel Pierre insiste dans les versets suivants.

Dans le Psaume 16, David avait prophétisé concernant la vie du Seigneur Jésus : sa mort, sa résurrection et surtout sa glorification. Quand il a écrit ce Psaume, David s'exprimait comme un prophète. Il se rappelait que Dieu avait promis de faire asseoir l'un de ses descendants sur son trône pour toujours. David se rendait donc compte que Celui dont Dieu parlait était le Messie, et que même s'il mourait, son âme ne serait pas abandonnée dans un état de désincarnation, et son corps ne connaîtrait pas la décomposition. Maintenant Pierre répète ici une déclaration qui dut choquer son auditoire juif qu'une fois de plus, l'annonce vient s'abattre sur les Juifs et l'aiguillon du discours : le Messie dont David prophétisait était Jésus de Nazareth que vous avez crucifié. Ils avaient crucifié l'Oint de Dieu !

Bien-aimés, lisez bien la Bible : la force de conviction du Saint-Esprit était tellement puissante qu'il y eut une réaction immédiate de la part de l'auditoire. Sans que Pierre fasse un appel ou lance une invitation à se convertir, comme nous avons l'habitude de le faire, avant la fin de son message, les participants demandèrent à Pierre et aux autres apôtres et s'écrièrent : « *Frères, que devons-nous faire ?* » En méditant sur cette question, je me rends compte qu'elle est naît d'un sentiment profond de culpabilité. Les Juifs présents réalisaient maintenant que le Jésus qu'ils avaient crucifié était bel et bien le Fils de Dieu !

Ecoutez la réponse de Pierre : « *Repentez-vous, et que chacun de vous soit baptisé au nom de Jésus-Christ, pour le pardon de vos péchés* ». Tout d'abord, ils devaient changer, reconnaître leur culpabilité, prendre position pour Dieu et contre eux-mêmes. Puis ils devaient être baptisés pour le pardon de leurs péchés. Ensuite, Pierre rappelle à ses auditeurs que la promesse du Saint-Esprit est pour eux, et pour leurs enfants donc le peuple juif et pour tous ceux qui sont au loin c'est-à-dire les païens, en aussi grand nombre que le Seigneur notre Dieu les appellera. Dans ce chapitre le message de Pierre n'est pas rapporté en entier, mais le point essentiel de sa conclusion est le fait que les Juifs présents devaient se séparer de cette génération perverse et malhonnête qui a rejeté et tué le Seigneur Jésus. Ils pouvaient y parvenir en recevant Jésus comme leur Messie et leur Sauveur et en renonçant publiquement à leur appartenance à la nation coupable d'Israël par le baptême chrétien.

Actes 2, 41, PVV : *ceux qui acceptèrent le message de Pierre se firent baptiser et, ce jour-là, environ trois mille personnes se joignirent (aux croyants).* La Bible montre un très grand nombre qui s'avance pour être baptisé afin de témoigner publiquement de son acceptation des paroles de Pierre comme étant celles du Seigneur. Pourquoi, en effet, en ce jour, environ 3 000 âmes vinrent s'ajouter à la compagnie de disciples ? Tout simplement parce que les disciples ne torpillaient pas, n'attaquaient pas sournoisement, ne faisaient échouer* par des manœuvres occultes ou n'empoisonnaient pas le message de Dieu. De deux, les premiers disciples de Christ ne faisaient pas dire à la Parole de Dieu ce qu'eux voulaient entendre ou la faire dire ce qu'eux voulaient dire. Enfin, ils dispensaient la parole de Dieu avec vérité, crainte de Dieu et tremblement de fausser ou de fauter.

Comment donc invoqueront-ils celui en qui ils n'ont pas cru, nous demande la Bible ? Croire c'est donner son plein assentiment à une vérité; c'est avoir la certitude, tenir pour véritable, pour sincère et véridique, c'est ajouter foi à ce qui est dit. J'aimerais même aller un peu plus loin en disant : croire c'est adhérer. Ici, mes frères et sœurs, c'est au moyen d'une série de trois « *comment ?* », (comment donc invoqueront-ils ... comment croiront-ils ... comment entendront-ils parler ...) que l'apôtre passe en revue les étapes qui conduisent au salut des Juifs et des non-Juifs : Dieu envoie ses serviteurs, ils prêchent la bonne nouvelle du salut, les pécheurs entendent l'offre de Dieu de la vie en Christ, certains parmi les auditeurs croient au message annoncé, ceux qui croient invoquent le nom du Seigneur et ceux qui invoquent son nom sont sauvés.

Je crois que c'est ce passage de Romains 10, 14 qui constitue le fondement de l'œuvre missionnaire chrétienne. Ici Paul défend sa prédication de l'Evangile aux non-Juifs, ministère considéré comme inexcusable par les Juifs incrédules. Dieu est Celui qui envoie. Nous sommes ceux qui sont envoyés. Que faisons-nous à cet égard ? Avons-nous les beaux pieds qu'Esaïe attribuait à Celui qui apportait de bonnes nouvelles ? Esaïe évoque les beaux pieds du Messie ; Christ est venu avec ces beaux pieds, il y a 2 000 ans ; désormais, c'est notre privilège et notre responsabilité de nous rendre avec de beaux pieds auprès d'un monde perdu. Je vais donc parler très vite du contenu d'un message d'un disciple au travers ces cinq éléments solennels que tout le monde, qui qu'il soit, doit entendre avant de mourir. Car, en effet, annoncer la Bonne Nouvelle et étendre le Royaume de Dieu, c'est aller dire aux gens que :

1. Tous ne seront pas sauvés.

Romains 3, 23 : « *Car tous ont péché et sont privés de la gloire de Dieu.* » La Bible dit que nous tous, sans distinction, avons péché et avons ainsi perdu la beauté glorieuse dont Dieu avait revêtu l'homme. Nous avons tous manqué le but que Dieu nous avait assigné dans son plan. Personne parmi nous ne saurait prétendre être approuvé de Dieu. Même si Dieu nous offre à tous les vivants la grâce du salut, il y a déjà ceux de nous qui sont morts dans le péché, et qui ne seront, en conséquence, pas justifiés, c'est-à-dire déclarés justes aux yeux de Dieu.

C'est triste de le dire, mais la première vérité solennelle du message du disciple c'est que nous ne serons pas tous sauvés ! Et dans le discipolat, notre message doit être propre comme l'eau de roche là-dessus. Si Dieu tarde à venir, c'est parce que dans son amour et dans sa patience, « *Il veut que tous les hommes et femmes soient sauvés et arrivent à connaître la vérité* » d'où, encore une fois, le message du salut est un impératif de Dieu qui demande une réponse urgente de l'homme.

2. Peu seulement vont entrer au ciel et beaucoup périront en enfer.

C'est le deuxième élément autour duquel doit tourner le contenu du message du disciple : nous voulons tous aller au ciel, mais nous n'irons pas tous, peu seulement y arriveront. Vous pouvez, à propos, lire Matthieu 7, 13-14 : « *Entrez par la porte étroite. Car large est la porte, spacieux est le chemin qui mènent à la perdition, et il y en a beaucoup qui entrent par là. Mais étroite est la porte, resserré le chemin qui mènent à la vie, et il y en a peu qui les trouvent.*»

La Bible est claire à propos : large est la porte, spacieux est le chemin qui mènent à la perdition ; mais étroite est la porte, resserré est le chemin qui mènent à la vie. Beaucoup veut dire beaucoup et peu veut dire peu ! N'ayons pas peur d'en parler, nous devons dire clairement au monde : beaucoup iront en enfer, peu seulement trouveront le chemin du salut. Dites cela aux gens que vous allez voir pour le discipolat, c'est à chacun de nous de prendre la décision ; mais alors la bonne décision !

3. Certains se croiront faussement fils et filles du Royaume et pourtant non.

C'est la catégorie pour laquelle je prie intensément quand je me mets à prier pour l'Eglise Corps du Christ. Comme les 5 vierges folles de Matthieu 25, 1-13, mes amis, ces gens passeront une grande partie de leur temps à l'Eglise, dans tel ou tel autre service mais hop…

surprise désagréable, le Seigneur viendra quand leur lampes n'auront pas de pétrole ou d'huile ! C'est la catégorie de chrétiens qui sont fervents dans les ministères de l'Eglise, tout en s'amusant dans de distractions du monde et ne savent pas se focaliser sur l'essentiel afin d'être prêts à la rencontre de leur Epoux Jésus-Christ.

Ailleurs, dans Matthieu 7, 22-23, Jésus dit : « *Quand je viendrai pour juger les gens, beaucoup me diront : " Seigneur, Seigneur, c'est en ton nom que nous avons parlé, c'est en ton nom que nous avons chassé les esprits mauvais ! C'est en ton nom que nous avons fait de nombreux miracles ! " Alors je leur dirai : " Je ne vous ai jamais connus. Allez-vous-en loin de moi, vous qui faites le mal ! "* » Ne le perdons pas de vue, en effet. Jésus dit en Matthieu 7, 22 : « *Ceux qui me disent : Seigneur, Seigneur ! n'entreront pas tous dans le royaume des cieux, mais celui-là seul qui fait la volonté de mon Père qui est dans les cieux.* » Quelle est alors la volonté de Dieu, si ce n'est d'aimer Dieu de tout notre cœur, de toute notre âme et de toute notre pensée mais aussi d'aimer son prochain comme on s'aime soi-même ?

Enseigner, chasser les démons, parler en langues, tomber en extase dans nos louanges, trembler ou crier dans nos prières n'est pas ce qui fait de nous les chrétiens spéciaux ; c'est qui fait de nous de vrais chrétiens c'est lorsque nous aimons Dieu et aimons nos prochains sincèrement. C'est en cela que dans 1 Corinthiens 13, 1-3, Paul dira : « *Je peux parler les langues des hommes et les langues des anges. Mais si je n'aime pas les autres, je suis seulement une cloche qui sonne, une cymbale bruyante. Je peux avoir le don de parler au nom de Dieu, je peux comprendre tous les mystères et posséder toute la connaissance. Je peux avoir une foi assez grande pour déplacer les montagnes. Mais si je n'aime pas les autres, je ne suis rien ! Je peux distribuer toutes mes richesses à ceux qui ont faim, je peux livrer mon corps au feu. Mais si je n'aime pas les autres, je n'y gagne rien !* » Notre message de discipolat envers tous les religieux sans Dieu doit converger vers l'amour envers Dieu et l'amour envers son prochain. En effet, l'Apôtre Jacques (2, 20) nous dit que « *la foi sans les œuvres est inutile.* »

4. Après cette vie, il y a un jugement.

Hébreu 9, 27-28 : « *Et comme il est réservé aux hommes de mourir une seule fois, après quoi vient le jugement, de même Christ, qui s'est offert une seule fois pour porter les péchés de plusieurs, apparaîtra sans péché une seconde fois à ceux qui l'attendent pour leur salut* ».

Notre message dans le discipolat doit aussi converger vers le jugement final. Vouloir ou pas, nous allons un jour mourir ; ne serait-il pas important d'y penser aujourd'hui et maintenant ? Le jugement dont il est question ici a une sentence à deux issus : « *ceux qui ont bien agi ressusciteront pour la vie, ceux qui ont fait le mal ressusciteront pour être jugés et condamnés* ». (Jean 5, 29).

Dans Romains 14, 12, la Bible nous enseigne que Dieu rendra à chacun selon ses œuvres et « *chacun de nous rendra compte à Dieu pour lui-même* ». Bien-aimés, dites : en quoi notre vie ici-bas aura de sens s'il n'y a pas rétribution ? J'ai toujours pensé que Dieu serait fou de nous créer pour vivre ici-bas comme nous le voulons, vivre la vie à notre guise, sans compte à rendre. Prenez-moi vieux jeu, si vous le voulez, mais je crois de tout mon cœur que nous devons remettre notre bilan final au-devant du Trône de Dieu ; à chacun de nous de voir doc quel sera son rapport devant Dieu ! C'est pour cela que la Bible nous demande : « *Prépare-toi à la rencontre de ton Dieu* » !

5. Ce message que tu suis maintenant peut-être ton dernier.

Je le sais autant que vous, mes frères et sœurs, car tout le temps que j'y prêche, je le sens moi-même : c'est un message qui fait peur et un peu intimidateur, mais pourtant vrai ! Un disciple du Christ est celui qui dit au monde pécheur que l'homme n'est pas le détenteur de son souffle et qu'il doit, en conséquence, être aux aguets tout le temps. Ça fait peur, mais c'est une évidence : même si ce message n'est pas le dernier, un jour il y aura ton tout dernier. Mais alors comment le sauras-tu ?

En appui, 2 Corinthiens 6, 2 nous dit : « *Voici maintenant le temps favorable ; voici maintenant le jour du salut* ». L'impératif de Jésus s'annonce toujours au présent. Dieu veut une réponse immédiate à son appel : « *Prends ma croix, viens et suis-moi !* ». Il souhaiterait nous entendre dire : « *Me voici, Seigneur, je suis tout à toi !* » Bien-aimés, s'il est alors vrai que ce message soit mon tout dernier, quelle est la réponse que je donne à Jésus ? Si je suis déjà en Christ, puis-je encore renouveler mon engagement et faire partie de bons disciples de Jésus ? Sinon, puis-je l'accepter comme Seigneur et Sauveur personnel ? C'est un grand contenu du message d'un disciple !

En conclusion, je reviens sur notre lecture d'Actes 2. La persévérance constitue la preuve de la réalité d'une conversion. Les premiers convertis démontraient la réalité de leur profession de foi en persévérant dans :

1. *L'enseignement des apôtres*. En d'autres termes les enseignements apostoliques inspirés de Dieu, donnés d'abord oralement, et maintenant consignés dans le Nouveau Testament.

2. *La communion fraternelle*. Une autre preuve de la vie nouvelle fut le désir des nouveaux convertis de se retrouver avec les autres enfants de Dieu et d'avoir communion ensemble. Ils avaient le sentiment d'être mis à part du monde pour Dieu, et d'avoir les mêmes intérêts que d'autres chrétiens.

3. *La fraction du pain*. Cette expression est utilisée pour indiquer à la fois la cène et la prise d'un repas ordinaire. Les premiers chrétiens avaient coutume de prendre le repas du Seigneur le premier jour de la semaine. A l'époque de l'Eglise primitive, un repas fraternel était organisé en rapport avec la cène pour exprimer l'affection que les saints se portaient les uns aux autres.

4. *Les prières*. La quatrième pratique essentielle de l'Eglise primitive exprimait une dépendance totale du Seigneur pour l'adoration, les décisions à prendre, la protection et le service.

Résultat : un sentiment de crainte respectueuse s'emparait du peuple. La Bible montre que la puissance du Saint-Esprit se révélait si évidente que les cœurs même de plus incrédules demeuraient dans le silence et la soumission, l'étonnement les envahissait lorsqu'ils voyaient les prodiges et les miracles accomplis par les apôtres. Le partage des propriétés et des biens constituait le fruit de vies remplies du Saint-Esprit pour nous rappeler qu'un vrai disciple ne saurait supporter d'en avoir trop alors que d'autres n'en ont pas assez. Et le Seigneur ajoutait chaque jour à l'Eglise ceux qui étaient sauvés. La communauté chrétienne s'accroissait chaque jour par de nouvelles conversions.

Nous pouvons mettre autant de moyens et de méthodes que nous voulons pour gagner les âmes mais, tant que notre message aura un contenu qui ne cadre pas avec tous ces points ou un d'entre eux, ce sera une moisson très fatigante et moins rentable. Ne perdez pas assez de temps, mes frères et sœurs, soyez souples comme Jésus et Ses disciples et allez tout droit au but. Abordez un de ces éléments ou touchez-les dans leur ensemble quand vous êtes sur terrain de la moisson ; vous verrez ce que le Seigneur Jésus peut faire en quelques minutes dans les cœurs des hommes et des femmes de cette terre !

* * *

Jour 08 : L'EGLISE PRIMITIVE, UN MODELE PAR EXCELLENCE DU DISCIPOLAT.

Pierre continuait, avec instance, à leur parler pour les persuader, il les encourageait de façon pressante, leur disant : - Séparez-vous, pour votre salut, des hommes de cette génération qui ont pris le faux chemin. Alors, ceux qui acceptèrent le message de Pierre se firent baptiser et, ce jour-là, environ trois mille personnes se joignirent (aux croyants). Dès lors, ils se réunissaient constamment pour se faire enseigner par les apôtres, pour vivre comme des frères en communion les uns avec les autres, pour rompre le pain et prier ensemble. Tous les autres étaient profondément impressionnés et les respectaient, car les apôtres accomplissaient beaucoup de miracles, signes de l'intervention de Dieu. Tous les croyants vivaient ensemble et mettaient en commun tout ce qu'ils possédaient. Ils vendaient ce qui leur appartenait : terres, maisons ou autres biens, et répartissaient l'argent entre tous, en tenant compte des besoins de chacun. Jour après jour, d'un commun accord, ils se retrouvaient dans la cour du Temple ; mais c'est dans leurs maisons qu'ils rompaient le pain et qu'ils prenaient leurs repas dans la simplicité, la cordialité et la joie. Ils louaient Dieu continuellement et se faisaient aimer de tout le peuple. Chaque jour, le Seigneur ajoutait à leur communauté ceux qu'il sauvait. (Actes 2, 40-47 ; PVV).

C'est un sujet sur lequel nous aurions bien des choses à dire ; mais il n'est pas facile de vous les expliquer : vous êtes devenus si lents à saisir les vérités spirituelles et vous ne mettez plus guère d'entrain à les comprendre. Dire que vous vous êtes convertis depuis tant d'années ! Il y a longtemps que vous devriez être en train d'en enseigner d'autres et pourtant vous en êtes encore à l'ABC de la révélation, vous avez vous-mêmes besoin de quelqu'un qui vous réapprenne les premiers rudiments des paroles de Dieu. Vous ne supportez que le lait, non la nourriture solide. Mais celui qui continue à vivre de lait montre par là qu'il est encore enfant ; il n'est pas apte à saisir un enseignement relatif aux justes exigences de Dieu ; il n'a aucune expérience de ce qu'est une vie juste ; c'est encore un bébé. Les adultes, par contre, ceux qui ont atteint une certaine maturité spirituelle, prennent de la nourriture solide. Ils ont exercé leurs facultés et ont ainsi acquis, par l'expérience, un sens moral affiné qui leur permet de distinguer ce qui est bien de ce qui est mal. (Hébreux 5, 11-14 ; PVV).

Aujourd'hui, à la fin de notre séance, c'est par cette deuxième lecture d'Hébreux 5 que nous commençons ! Remarquez déjà bien, avec moi, l'auteur est face à un désarroi ! Quand nous lisons très bien cette portion de Saintes Ecritures, nous nous rendons compte que l'auteur est embarrassé du fait qu'il est devant les fidèles qui se sont convertis il y a longtemps, mais qui restent quand-même immatures et agissent comme de bébés dans la foi. C'est exactement la souffrance que nous avons très souvent, en tant que pasteurs ou leaders de fidèles ! A ce stade l'auteur se livre à une digression.

L'auteur de l'épître aux Hébreux commence sa lettre en rappelant aux chrétiens juifs quelques-uns des attributs et des œuvres de Christ : héritier de toutes choses, créateur de l'univers ; resplendissement de la gloire de Dieu et empreinte de sa substance ; celui qui soutient toutes choses par sa parole puissante ; supérieur aux anges, chef de notre salut, celui qui a rendu le diable impuissant et qui délivre de la crainte de la mort ; notre grand sacrificateur, qui sympathise avec nos infirmités. Il souhaiterait poursuivre le sujet du sacerdoce de Christ selon l'ordre de Melchisédek ; cependant, arrivé à ce point, il interrompt brusquement son développement magnifique.

Il constate, avec regret, que ceux auxquels il s'adresse sont devenus paresseux ou lents à comprendre ! Ils avaient entendu les premières vérités de l'enseignement de Dieu qui auraient dû les faire grandir dans la foi, mais ils les ont négligées. Pire encore, ils ne sont pas devenus des adultes dans la foi, mais ils sont redevenus des bébés. Ainsi, l'auteur se sent contraint à reprendre ses lecteurs concernant leur manque de maturité spirituelle, et en même temps à les avertir sérieusement du danger de s'éloigner totalement et définitivement de Dieu. La leçon à en tirer : si vous n'utilisez pas ce que vous avez appris, vous le perdez.

Ecoutez, chers frères et sœurs, il est tristement vrai que notre compréhension de la vérité divine est limitée par notre propre condition spirituelle. Et, savez-vous, une certaine lenteur à comprendre empêche de recevoir des vérités profondes ! Ceci est souvent vrai pour nous aujourd'hui, comme ce fut le cas pour les disciples bien avant : le Seigneur voudrait nous révéler beaucoup de vérités, mais nous sommes incapables de les supporter. L'auteur est donc très déçu quand il dit aux Hébreux qu'ayant reçu un enseignement depuis très longtemps, ils devraient maintenant être capables d'enseigner les autres ; c'est de façon tragique qu'ils ont encore besoin qu'on leur enseigne les principes élémentaires de la Parole de Dieu.

La Bible, version Louis Segond dit : « *Vous, en effet, qui depuis longtemps devriez être des maîtres* » ... Ce n'est pas seulement ici question de discipolat seulement, mais l'ordre de Dieu consiste à ce que chaque croyant mûrisse au point de pouvoir enseigner les autres. Au travers nos actes et nos paroles, chacun de nous, où qu'il soit, doit pouvoir enseigner au moins quelqu'un ! Il est vrai que certains chrétiens ont un don particulier d'enseignement, mais il est aussi vrai que chaque croyant devrait être engagé dans un service quelconque d'enseignement. Ce ne fut jamais l'intention de Dieu que ce travail se limite aux pasteurs ou à un petit nombre d'évangélistes à l'église !

Vous en êtes venus à avoir besoin de lait et non d'une nourriture solide ; autrement dit : « *vous n'êtes plus capables de manger de la nourriture solide que vous avez encore besoin de lait* ». Dieu m'a béni avec un joli gars, Eden. Et, parmi les leçons les plus importantes que j'ai apprises de sa venue au monde : dans le domaine physique, un enfant qui ne passe jamais du lait à une nourriture solide s'affaiblit. Curieusement, il en est de même dans le domaine spirituel, il existe également une forme de croissance retardée. Dans 1 Corinthiens 3, 2-3 ; Paul dit : « *Je vous ai donné du lait à boire, et non une nourriture solide, parce que vous ne pouviez pas la supporter. Même maintenant, vous ne pouvez toujours pas la supporter, parce que vous êtes encore faibles* ». Retard de croissance !

Bien-aimés, je pense que vous avez entendu la formule populaire qui dit que « *la meilleure façon d'apprendre quelque chose, c'est de l'enseigner* ». En d'autres termes, si vous voulez bien comprendre un principe, vous devez d'abord l'enseigner à quelqu'un d'autre. Notre Seigneur Jésus a laissé à ses disciples un commandement : « *Allez chez tous les peuples pour que les gens deviennent mes disciples. Baptisez-les au nom du Père, du Fils et de l'Esprit Saint. Apprenez-leur à obéir à tous les commandements que je vous ai donnés. Et moi, je suis avec vous tous les jours, jusqu'à la fin du monde.* » Dans le langage courant, Jésus enjoint ses disciples de faire des élèves, c'est-à-dire d'être des enseignants ! Etre disciple et faire le disciple, c'est la meilleure façon pour bien apprendre soi-même et pour répandre la Parole de Dieu. Cette méthode a fonctionné pendant plus de 2000 ans, et je le sais, elle est efficace encore aujourd'hui.

Je vous le dis, c'est vrai : les croyants professants qui demeurent au lait, n'ont pas l'expérience de la Parole de Dieu. Au lieu d'être professants confessants, eux se contentent seulement d'écouter la Parole sans la mettre en pratique. Or, nous ne cesserons de le dire, ce qui ne se pratique pas se perd, ce qui fait qu'ils demeurent dans un état d'enfance perpétuelle. Les immatures dans la foi ne possèdent pas un discernement aigu des questions spirituelles. Paul, en Ephésiens 4, 14 explique mieux en disant que ce sont « *des enfants, flottants et emportés à tout vent de doctrine, par la tromperie des hommes, par leur ruse dans les moyens de séduction* ».

Quand vous voyez les chrétiens d'Afrique discuter aujourd'hui du ministère de la femme, du port de pantalon chez la femme, de la coiffure et de l'habillement chez l'homme, ces choses au détriment de l'amour de Dieu et de l'amour du prochain, vous comprenez combien l'Eglise de Dieu dans nos pays méritent bien une délivrance. De débats sans tête ni queue, mais qui prennent le dessus de nos enseignements ! Bien-aimés, la nourriture spirituelle solide est destinée aux chrétiens mûrs, à ceux dont le jugement est exercé par l'usage à discerner ce qui est bien et ce qui est mal. En obéissant à la lumière reçue de la Parole de Dieu, par amour de Dieu et amour du prochain, ces personnes sont capables de se forger des convictions spirituelles et d'échapper aux dangers moraux et doctrinaux.

Les vrais disciples ne sont pas ceux qui sont coiffés ou qui s'habillent de telle ou de telle autre manière ; ce sont plutôt de gens qui sont capables de partager avec d'autres l'enseignement qu'ils avaient reçu : l'amour de Dieu et l'amour du prochain ! Or les petits enfants ont précisément du mal à partager. Bien-aimés, plutôt que nous embrouiller dans de débats stériles, ne gardons pas égoïstement l'amour que le Seigneur nous donne ; mettons-le avec joie à disposition des autres ! Le lait est l'aliment idéal du bébé, mais dès qu'il a des dents, on introduit des aliments solides, plus nourrissants, nécessaires à son développement. Le « lait » symbolise ici les rudiments de la foi chrétienne. Quel dommage d'en rester là et de ne pas connaître la « saveur » si variée de l'ensemble de l'enseignement de la Bible !

L'auteur de l'épitre aux Hébreux dit : « *Vous qui devriez être maîtres depuis longtemps, vous avez besoin qu'on vous apprenne de nouveau les premières vérités de l'enseignement de Dieu. Vous n'êtes plus capables de manger de la nourriture solide, vous avez besoin de lait. Vous devriez être en train d'en enseigner d'autres et pourtant vous en êtes encore à l'ABC de la révélation.* » Je retiens que, au-delà de l'apparence, si vous n'avez pas encore le discernement qui vous dicte le bien à faire et le mal à éviter, quel que soit votre âge ou votre durée dans la congrégation, vous êtes un enfant, un immature spirituelle. Ces gens ne discernaient pas le bien et le mal : autant qu'un petit enfant porte à la bouche tout ce qu'il trouve, surtout si cela brille, même si c'est du poison, de même, nos chrétiens d'aujourd'hui, qui ne sont pas affermis spirituellement, se laissent facilement impressionner par l'éloquence d'un discours et courent le risque d'être entraîné par des enseignements non conformes à la Bible.

Mais, ce qui me frappe encore le plus, l'auteur de l'épître n'en reste pas là ! Au chapitre suivant, en Hébreux 6, 1, il dit tout simplement : « *Tendons vers l'état d'hommes faits* ». Ce verset est l'un de plus compliqués dans l'interprétation de versets du Nouveau Testament car il commence par : « *Laissant les éléments de la parole de Christ, tendons à ce qui est parfait* » ... Paul ne nie pas la fondation de Christ, mais il insiste sur la maturité spirituelle. J'aime comment la version Parole de Vie parle de ce verset : « *C'est pourquoi nous ne voulons pas nous attarder davantage aux notions élémentaires du message chrétien. Dépassons ce stade et tournons-nous vers un enseignement correspondant au stade adulte et qui favorisera notre croissance spirituelle* ». La version Parole Vivante enfonce le clou en disant : « *Dépassons ce stade et tournons-nous vers un enseignement correspondant au stade adulte et qui favorisera notre croissance spirituelle* ».

Pour comprendre c'est quoi, en effet, la base de l'enseignement chrétien que nous devons dépasser, l'auteur explique : « l'enseignement sur l'abandon des œuvres inutiles, de notre vie antérieure vouée à la mort, l'enseignement sur la foi en Dieu, l'enseignement sur les différents baptêmes, l'enseignement sur l'imposition des mains, l'enseignement sur la résurrection des morts et l'enseignement sur le jugement éternel » ... Ah non ! relisons bien ! Si j'étais à côté de l'auteur, je lui aurai dit : « C'est pas possible ! C'est ça que vous appelez le lait spirituel ? » Mais oui, mes frères et sœurs, si les chrétiens de nos églises discutent des enseignements sur l'imposition des mains, la résurrection des morts et le jugement éternel, franchement, je suis aussi de ceux qui se mettront à bénir Dieu pour cette « maturité ». Mais, remarquez, c'est ça que l'auteur de l'épître aux Hébreux appelle « lait spirituel » ! Comparativement à ces gens, nous avons raison de nous demander si nous sommes même nés spirituellement.

Tous les parents sont d'accord avec moi ; nous sommes toujours frappés par la volonté de grandir de nos enfants. Et, je vous le dis, chers célibataires, l'absence de cet instinct de croissance chez un enfant n'est pas bon signe. Dans ce contexte où nous sommes, le sens particulier dans lequel la Bible nous exhorte à distinguer entre le bien et le mal concerne le christianisme et le judaïsme. Certes, le judaïsme n'était nullement un mal en soi, car le système lévitique fut introduit par Dieu lui-même. Cependant, il était destiné à diriger les hommes vers Christ qui accomplit en réalité ce que préfiguraient ses rites et ses cérémonies. Maintenant que Christ est venu, il est répréhensible de retourner aux symboles de Christ. Bien-aimés, tout ce qui rivalise avec Christ dans les affections et dans la fidélité des hommes est mauvais. Les chrétiens spirituellement mûrs sont parfaitement capables de discerner la différence entre les faiblesses du sacerdoce d'Aaron et la supériorité infinie du sacerdoce de Christ, qui n'est que porteur de l'amour.

Les Actes des Apôtres nous présentent, quant à eux, un petit groupe de disciples, mais très conscient de sa mission ici-bas. Dans ce chapitre, nous sommes en face du message de Pierre qui n'est pas rapporté en entier ; mais le point essentiel de sa conclusion est le fait que les Juifs présents devaient se séparer de cette génération perverse et malhonnête qui a rejeté et tué le Seigneur Jésus. Pierre insiste qu'ils pouvaient y parvenir en recevant Jésus comme leur Messie et leur Sauveur et en renonçant publiquement à leur appartenance à la nation coupable d'Israël par le baptême chrétien : une vie chrétienne dans sa pratique, pas dans les théories inutiles !

L'église apostolique primitive est un modèle de discipolat sur ce point. Même si elle se reconnaît petite, dans ses faibles commencements, nous la voyons toujours agir avec tact, conscience et maturité. Chacun membre de l'église primitive devait avoir ses occupations et allait y vaquer, nous pouvons l'imaginer, mais lorsqu'il s'agissait de se rencontrer en cellule ou en communauté, l'église primitive avait toujours ses quatre plus grands piliers, ce qui faisait le secret de chaque co-équipier :

Ils persévéraient dans l'enseignement des apôtres. L'enseignement des apôtres est biblique et christocentrique. Ce n'est pas cet enseignement de la fausse prospérité de l'homme au détriment des avantages de Dieu dans la vraie prospérité. L'enseignement des apôtres n'est pas non plus cet enseignement où les prédicateurs transforment leurs expériences personnelles en doctrines et veulent les imposer à ceux qui les suivent ; non ! Lisez les Actes des Apôtres, autant que toutes les épitres, vous serez étonnés de voir que tout était centré sur la personne du Seigneur Jésus et sur la vérité dans la recherche de la connaissance de Dieu. L'enseignement des apôtres aujourd'hui n'est pas seulement cet enseignement de principes élémentaires de notre catéchisme baptismal, où l'on apprend aux gens de réciter et de mémoriser qui est Dieu ?, qui est Jésus ?, qui est le Saint-Esprit ; non, au-delà de toutes ces choses, l'enseignement des apôtres c'est aussi la nourriture solide, c'est théologie de l'Ancien et du Nouveau Testament, c'est la pneumatologie, l'angéologie et l'eschatologie, c'est la théologie historique, la théologie dogmatique et la théologie contemporaine !

Notez, mes frères et sœurs ! La Bible nous dit : « *Ils persévéraient dans l'enseignement des apôtres ...* » J'aime ça : *persévérer* ! Pas seulement, ils venaient écouter les révélations de

Dieu chaque dimanche, les laisser à l'église et s'en aller à la maison tels qu'ils sont revenus ; mais la Bible montre que l'enseignement des apôtres étaient devenu leur mode de vie. Je nous explique : *persévérer* c'est continuer de faire, d'être ce qu'on a résolu, par un acte de volonté toujours renouvelé ; c'est encore demeurer. Ainsi, comme les juifs de Béréé dans Actes 17, 11, nous devons recevoir la parole de Dieu avec beaucoup d'intérêt. J'aime quand la Bible témoigne que chaque jour, ils étudiaient les Ecritures pour vérifier si ce qu'on leur disait était conforme à ce qui était écrit. Ce n'était pas la catégorie de ces fans, de « oui-ouistes » ou des opposants que nous avons en ces jours : ils examinaient chaque jour les Ecritures, pour voir si ce qu'on leur disait était exact.

Ils persévéraient aussi dans la communion fraternelle. Ce qui rendait la tâche de discipolat facile aux premiers disciples de Jésus, contrairement à nous aujourd'hui, ils n'étaient pas chacun renfermé sur soi. Le mal du discipolat aujourd'hui c'est que, dans nos paroisses, nous vivons l'égoïsme sans égal : « *chacun pour soi, Dieu pour tous !* » que nous n'avons pas aucune leçon de communion à donner aux païens ! Dans toutes les lignes du Nouveau Testament relatives aux premiers disciples, nous voyons qu'au travers de petites cellules, les premiers croyants aspiraient à l'union de l'Eglise Corps du Christ. Ils passaient du temps ensemble du fait qu'ils partageaient les mêmes valeurs et se sentaient importants dès qu'ils étaient unis.

C'est triste de le dire mais nous, aujourd'hui, nous avons ciselé le Corps du Christ en petits morceaux : la jambe est partie loin du bras, le nez se sent bien quand ça va mal chez l'oreille… et c'est ça qui fait notre joie, car nous sommes mêmes allés jusqu'à nous critiquer mutuellement. Comment pouvons-nous prétendre amener les disciples à Christ er réussir si nous ne nous aimons pas et nous continuons à nous salir mutuellement ? Dès qu'il y a un pasteur ou un prédicateur évangéliste de quelque part qui tombe, c'est nous les chrétiens qui propageons le message sur whatsapp, sur facebook ; oubliant que c'est le Corps du Christ dont nous faisons, nous-mêmes, partie que nous sommes en train d'éclabousser. Chaque chrétien doit comprendre qu'aussi longtemps que ça ne va pas chez l'autre, c'est aussi chez lui que ça ne va pas !

J'ai une proposition très folle à vous faire, maintenant : Pouvons-nous fermer les portes de notre église pendant un mois ? Et notre objectif est simple : Aller tous, sans exception, nous réunir dans une autre paroisse de la Communauté Baptiste au Centre de l'Afrique. Nous nous mettons tous débouts quand on demande aux visiteurs de se lever et notre pasteur dit que nous avons décidé d'appliquer le commandement de Jésus, selon lequel nous devons nous aimer mutuellement, que nous viendrons chaque dimanche un mois durant. Nous participons calmement au culte, nous offrons et nous rentrons sans rien demander en retour ; nous revenons la semaine prochaine, jusqu'à la fin du mois. C'est une pensée folle, je le sais, mais le Saint-Esprit est en train de m'enseigner combien cette idée peut être productive en discipolat ! Et le mois prochain, nous faisons de même ; cette fois pour une église d'une autre Communauté ; et ainsi de suite jusqu'à atteindre toutes ces « sectes » ; savez-vous l'impact que ce simple trouble mental peut produire pour la gloire du Seigneur ?

Que les dénominations ne nous trompent pas, en effet ! En Romains 12, 5, Paul dit que « *nous qui sommes plusieurs, nous formons tous ensemble un seul corps en étant unis au Christ. Et nous sommes tous unis les uns aux autres, chacun à sa place, comme les parties d'un même corps.*» Où est partie l'unité au sein de l'Eglise Corps du Christ ? Et comment croyons-nous gagner les âmes de païens en Christ s'ils nous voient divisés et irrespectueux les uns envers les autres ? Bien-aimés, si nous confessons être tous en Christ et pratiquons les mêmes valeurs de notre crédo, quelles que soient nos différences de dénomination, aimons-nous vivants, valorisons-nous les uns des autres pour la gloire du Seigneur !

Ils persévéraient dans la fraction du pain. Je ne sais pas si vous le savez, chers amis, mais l'un de plus grands obstacles du discipolat aujourd'hui dans notre église, c'est la multiplicité de projets, mais moins de générosité. Projet sur projet ! Le cas social est devenu tellement négligé qu'on se demande même à quoi sert notre diaconie. En titre de rappel, le diaconat fut institué par les apôtres, et l'on se rappelle en quelle occasion, Actes 6. La Bible nous dit ici que le nombre des disciples s'accroissaient chaque jour, les chrétiens d'entre les Grecs se sont plaints hautement du fait que leurs veuves étaient négligées dans les distributions ordinaires, tandis que les veuves des Hébreux recevaient des soins plus réguliers et des secours plus abondants : c'est là que les apôtres ont proposé que l'on choisisse sept hommes ayant un bon témoignage, pleins du Saint-Esprit et de sagesse, à qui l'on confierait le service des tables, le soin des pauvres et la distribution de la cène.

La Bible dit que tous les croyants vivaient ensemble et mettaient en commun tout ce qu'ils possédaient. Ceux qui avaient plusieurs propriétés les vendaient ou les mettaient à la disposition des apôtres pour aider les moins favorisés. C'est ça, en effet, qu'il faut enseigner dans nos cellules et dans nos paroisses : le cœur de charité, le cœur de partage. Il faut que nos fidèles comprennent qu'il est un péché d'emmagasiner plus et de s'enrichir plus alors que nos frères et sœurs de la même cellule ou de la même foi peinent à manger. 1 Timothée 5, 8 nous l'enseigne davantage : « *Si quelqu'un néglige les siens, en particulier les membres de sa famille et les personnes qui vivent sous son toit, il renie sa foi, il est pire qu'un incroyant* ». Rappelez-vous : « *celui qui connaît le bien qu'il devrait faire, mais ne le fait pas, se charge d'un péché* », nous dit Jacques 4, 17.

Un autre élément très remarquable : personne ne les obligeait à vendre leurs biens ou à se dépouiller ; l'amour de Dieu en eux devait se rependre vers ceux qui étaient à côté d'eux. J'aime quand je lis cette partie de la Bible : nous voyons très clairement qu'ils ne s'appauvrissaient pour aider les autres, mais ils prenaient conscience que, s'ils sont bénis, c'est aussi pour bénir les autres ; et cela selon la prédisposition du cœur de chacun. Mon frère, ma sœur, il faut que notre église change : au lieu d'attendre les gouvernements, les ONG et d'autres institutions ; soyons les uns à l'écoute de problèmes des autres et vice-versa : prenons-nous en charge et le nombre de disciple ne feront qu'accroître !

Enfin, *ils persévéraient dans les prières*. Je l'ai toujours dit à mes frères et sœurs dans la foi : « *une église sans la vie de prière n'a pas raison d'être* ». Je l'ai aussi toujours dit à mes frères et sœurs consanguins : « *un homme ou une femme de Dieu sans la vie de prière est dangereux pour l'église* ». Bien-aimés, sans la prière, il n'y a pas la révélation ou la volonté de Dieu. Nous le voyons dans la vie de l'Eglise chaque jour : sans la vie de prière, les serviteurs et les servantes de Dieu sont dans le tâtonnement, dans un monde d'essaies-erreurs … Sans la vie de prière, nous avons de prédicateurs qui tâtonnent, qu'eux-mêmes ne savent pas ou ne croient pas si ce qu'ils viennent prêcher va changer de vies ou non ! Sans la vie de prière, nous avons de chantres qui tâtonnent et ne croient pas à la puissance derrières leurs chansons. A fortiori, nous avons d'intercesseurs qui tâtonnent dans l'exercice de leur don : ils ne savent pas si ce sont de démons ou si c'est un problème psychologique, … Que du tâtonnement sur le tâtonnement dans ce que nous faisons !

Mes frères et sœurs, trouvez-vous qu'il soit vraiment juste de tâtonner sur des choses importantes qui engagent même la vie de l'homme, par exemple sa destinée ? Non, mes amis ! Il faut que l'Eglise change ! C'est comme si vous allez chez un médecin qui vous dit : « *Je ne comprends pas de quoi réellement vous souffrez, mais prenez quand-même, ce médicament, vous allez guérir !* » Pour son Eglise, je prie que le Seigneur suscite de vrais intercesseurs ! Que le Seigneur suscite de vrais prophètes ! Que le Seigneur suscite de vrais pasteurs ! De gens qui savent toucher le cœur de fidèles, qui savent gérer et traiter chaque cas spirituel, physique, psychologique et émotionnel de nos fidèles selon sa gravité et avec autant de précision !

Quand une église est remplie de gens motivée par l'essentiel, de gens qui écoutent régulièrement et fidèlement l'enseignement des apôtres, qui vivent comme des frères et des sœurs, qui partagent le pain et qui prient ensemble, la conséquence directe c'est que la crainte de Dieu s'empare de ceux qui voient et écoutaient, les ministères se font accompagner de beaucoup de signes, de manifestations divines et de miracles, il y a plusieurs conversions et baptêmes. Que j'aimerais faire partie d'une telle église, forte en discipolat ! Si nous voulons attraper du gros poisson pour Dieu, c'est de cette manière que nous devons procéder dans nos paroisses : chaque membre, sans attendre de l'autre, doit être toujours éveillé et conscient de notre mission ici-bas, à savoir sauver les âmes et implanter le Royaume de Dieu ici sur la terre. Que Dieu nous bénisse tous. AMEN !

* * *

Printed by Books on Demand GmbH, Norderstedt / Germany